だいわ文庫

マドンナの言葉

山口路子

大和書房

MADONNA

「みんながそうだから
私も無理」っていう、
「みんな」って、
いったい何なの？

はじめに――「闘い」続けるアーティスト

マドンナ。

実績、人気、実力、社会からの注目度、影響力、活躍年数、すべてにおいて、ほかに類を見ない、まったく規格外のアーティスト。

彼女はマイケル・ジャクソンやプリンスなどと肩を並べた、はじめての女性スーパースターであり、「史上最も成功した女性アーティスト」、「全世界で最も売れた女性レコーディング・アーティスト」などのギネス世界記録保持者でもあります。

二〇一八年八月十六日に六十歳の誕生日を迎えてなお、「クイーン・オブ・ポップ」の座を譲る気配すら見せません。

一九五八年八月十六日、アメリカのベイ・シティに生まれ、十九歳でスターを夢見てニューヨークへ。極貧生活のなかチャンスを狙い、デビューを果たしたのは五年後の二十四歳。二年後に『ライク・ア・ヴァージン』で大ブレイク。

デビューから三十六年。

強烈な個性をもつさまざまなポップ・シンガーが登場するなか、「女王《クイーン》」の地位をキープし続けているという事実、これは驚異的なことです。

「アーティスト」としての自負心

マドンナの活動は、把握するのが困難なほど多岐にわたります。ミュージシャンとして以外にも、女優として映画に出演し、『エビータ』ではゴールデングローブ賞の主演女優賞を受賞。映画監督としても優れた作品を制作。子ども向けの絵本も書き、ファッションブランドやコスメブランドを立ち上げるなど、ビジネスの才覚も卓越したものがありますが、なにより、彼女は「アーティスト」です。

「私はアーティスト。自らの思想を表現し、世の中に問いを投げかけたい、そんな存在でありたい」という強い意志を、彼女はデビュー当時からもっていました。

「世界を変えるのは人の心。私の使命はそれをみんなに伝えること」

この言葉だけでも、マドンナが「ミュージシャン」「エンターテイナー」という枠を超えていることがわかるでしょう。

歌のほとんどはマドンナの自作です。

彼女はたいへんな読書家でもあり、小説や詩から多くのインスピレーションを得て、そこに自分自身の体験を重ねて、歌詞を書きます。だから、彼女が発表する作品は、彼女の人生の記録であり、彼女の思想そのものでもあります。

また、マドンナの真骨頂はライブにある、とは多くの人が言うことですが、そのパフォーマンス、舞台美術、衣装、すべてのアイデアもまた、マドンナ自身によるもの。そのときどきで優秀なスタッフをそろえるという才能も合わせて、すべてをコントロールしているのはマドンナ本人。

つまり、彼女のステージ、それ自体が彼女の芸術作品なのです。「作品がすべて」と、マドンナは言いきります。これはアーティストならではの言葉です。

◆「母性の象徴」

私生活では、俳優のショーン・ペンとの結婚と離婚、映画監督のガイ・リッチーとの結婚と離婚を経験。奔放《ほんぽう》な恋愛遍歴でも知られますが、息子と娘、二人の実子のほか、アフリカのマラウイから迎えた養子が四人、計六人の子どもの母親でもあります。

二人の子どもたちが幼かったころは、仕事をもつ多くの母親と同じように、子育てとの両立にあがき、自分は母親として子どもたちに充分なことをしていない、と自分自身を責めることも少なくありませんでした。

本名である「マドンナ」は聖書で「聖母マリア」の意味をもちます。三十代のころから、ツアーに同行する年若いダンサーたちの母親役を好み、自分の子どもができてからはその傾向が強まると同時に、身近なところだけでなく、世界を母親の目線で眺めるようになりました。

さまざまな慈善活動を行うマドンナは、ちょっと過激ではあるけれど、たしかに聖母の顔ももっているのです。

慈善活動の中心は、四十八歳のときに立ち上げた慈善団体「レイジング・マラウイ」。

これは世界の最貧国のひとつ、アフリカのマラウイの子どもたちを救うためのもので、立ち上げから十二年間、マラウイをたびたび訪れ、孤児のためのケアセンター、クリニックや学校を設立してきました。

二〇一七年、マラウイ初の小児外科と集中治療を専門とする病院の開設式典に出席したマドンナをマラウイ大統領は「母性の象徴」と称賛しましたが、この言葉はマドンナの性質の一面をみごとに表していると言えるでしょう。

差別との闘い

マドンナの人生を貫《つらぬ》くキーワードのひとつに「闘い」があります。

彼女はデビュー以来、そう、二十代のころから、自分がおかしいと思ったことに対しては、どんな権力も恐れることなく意見を言ってきました。

とくに「差別」に対しては絶対的反対の立場で、「人種差別」をはじめ、「LGBT（レズビアン、ゲイ、バイセクシャル、トランスジェンダー）」という言葉が一般的になる以前から、同性愛者への差別と闘ってきました。

「性差別」に対しても同様です。「女である」ということだけで不当な扱いをされる性差別をマドンナ自身が嫌というほど受けてきました。そして彼女は何度も何度も悔し涙をのみこみながら、果敢《かかん》に性差別と闘い続けてきたのです。

その闘いの歴史は、彼女が五十八歳のときに行ったスピーチにすべて表現されていると言ってよいでしょう。二〇一六年、ビルボード誌の「ウーマン・オブ・ザ・イヤー」を受賞したときのスピーチです。

マドンナはダイナミックなデザインのパンツスーツ姿で両足を大きく開いてしっかりと立ち、原稿なしで、射ぬくようなまなざしで、けれど、ときに涙ぐみながら、体の真ん中からしぼり出すように力強く語りました。

圧倒的でした。

その内容、そして彼女の存在そのものに、世界各国の多くの人が大きく心を揺さぶられました。それはたしかに、自分の信念に真摯《しんし》に生きてきたマドンナの真価あふれるスピーチでした。

バッド・フェミニスト

このスピーチはセクシャルハラスメントを告発する「ミートゥー（#MeToo）」運動が始まる前年のこと。つねにパイオニアであるマドンナを象徴しています。

マドンナをフェミニストと言わずして誰がフェミニストを名乗れるのだろうと疑問に思いますが、フェミニストのなかにはマドンナを嫌う人が多く、「マドンナはフェミニズム運動を後退させている」などと非難されたこともありました。

マドンナを嫌うフェミニストたちは、マドンナの挑発的な性表現や、いわゆる「セクシー」さを全面に出したファッションを非難します。けれど、マドンナには「セクシーな女性」と「知的な女性」であることは共存する、それを証明してみせる、という強い意志がありました。そしてそれが非難されるなら、「私はバッド（悪い）・フェミニスト」と言います。

男性支配的な社会に対しては断固として闘う。けれど、男性はけっして敵ではない。自分の自由を奪おうとする人こそが敵。これがマドンナの主張です。

「フェミニスト」を、「性差別反対の思想をもち、女性の権利向上のための行動をする人」と定義したなら、マドンナこそ真のフェミニストです。

◇年齢差別への反抗

五十歳を超えても年若い恋人をつくり、好きなファッションをし、まるで二十代のように好奇心旺盛に生きる彼女に対して、年相応の相手を選べ、とか、いつまでも若い女性と張り合うようなファッションはやめろ、といった声も少なくありません。

けれどマドンナは気にしません。なぜなら、彼女には彼女の流儀があるからです。

「私は私の生きたいように生きる。人にどう思われようと、どう非難されようと、自分自身の幸福に忠実に生きる」

次の言葉は、そんな彼女の生き方が表れているようで爽快《そうかい》です。

「もっと落ち着けって？　うるさいのよ」

この言葉はまた、「やりたいことに年齢制限があるなんて信じない」、つまり「年齢差別」への反抗心の表れでもあります。

大半の人は年齢を重ねるにつれて柔軟な心や冒険心を失い、慣れ親しんだライフスタイルのなかに安住しようとします。

そういう人たちとマドンナは真逆です。冒険していないと、人生に変化がないと、「生の実感」が得られない人です。

「誰だって最後はしわくちゃになって死んでゆく、それだけよ」と言いながらも、それでもマドンナは、まるで冒険や挑戦を楽しむかのように、年齢に反抗することを面白がっているようです。

そこには悲壮感がなく、誰にどう思われたっていい、と突き抜けたところにいて、そして面白がっているのがわかるから、見ているファンもまた、どうしても惹《ひ》かれるのです。

同時代を走り続ける人

そんなマドンナの「現在」を私たちはリアルタイムで見ることができます。

マドンナが「私のキュレーター」と呼ぶインスタグラムに、日常の風景、自分自身の写真、子どもたちの写真、多くの人に知ってほしい情報などを、頻繁《ひんぱん》にアップしているからです。

そのインスタグラム、六十歳の誕生日のコメント、最後のワンフレーズは、「人生は美しい」でした。

六十年間の人生、もちろん多くの幸福もあったでしょう。けれどそれと同量の苦しみ悲しみもあったはずです。

ショービジネスの世界のど真ん中で生きて、多くの中傷や裏切りを味わい、人間不信に陥《おちい》りながらも、それでも、六十歳の誕生日に「人生は美しい」と書いたマドンナ。彼女はいったいどんな人生を送ってきたのか。


ここにマドンナの言葉を集めました。


人生そのものを知るための探求を続ける知的な女性。

恋愛ですぐに傷つく脆《もろ》い女性。

母性愛にあふれた女性。

過激に社会を挑発し続ける女性。

孤独のなかプレッシャーに涙する女性。
自分の信念のために闘い続ける力強い女性。
愛を信じ、世界をより良くしようと行動する女性。

さまざまな表情をもつマドンナがいます。
この本を読んでくださる方に、同時代を生きるマドンナというひとりの人間、ひとりの女性、ひとりのアーティストの魅力が伝えられたなら、嬉しいです。

CHAPTER I
Beauty and Intelligence
美と知性
究極の美は、幸福であること。

CHAPTER

II

Family

家族

やっと真に
たいせつなものを
手に入れ始めたの。

CHAPTER Ⅲ

Work

仕事

……プロフェッショナル

私は自分を
繰り返すことだけは
絶対にしたくない。

CHAPTER Ⅳ

Love

恋愛

……ロマンス

人生にパートナーは
必要よ。

CHAPTER V

fight

闘い

生き残るために
人生のある時期、
真剣に闘う必要があるの。

CHAPTER I

Beauty and Intelligence

美と知性

究極の美は、
幸福であること。

私は何もかも平均的なの。
表面上は全部ノーマル。
平均的じゃないのは
中身なのよ。

Complex

完璧な女性のコンプレックス

そのパーフェクトな肉体に多くの人が憧れるマドンナですが、彼女にもコンプレックスはあります。「自分の外見には複雑な気持ちをもっているわ。たとえば身長。ずっと背が高くなりたいって思っていた。ほんとにチビだって気がする。私の背は五フィート四・五インチ（約一六三・五センチ）。でもこれって標準でしょ。私は何もかも平均的なの。表面上は全部ノーマル。平均的じゃないのは中身なのよ」。

大きく見える、と言われることに対して、それは自分の内面、表現力がそうさせているのだという自負もあります。「パフォーマーとしては重要な資質でしょ」。腿《もも》が太すぎるとも思っていて、ドキュメンタリー映像には、自分の腿をぺちんと叩いて「ここが一番太いのよ」と笑っているシーンもあります。

弟のクリストファーは「姉は指が太くて短いこともコンプレックスで、だから手袋をコレクションし、愛用している」と言っています。指先がオープンになったグローブはマドンナのひとつのスタイル。それがコンプレックスから生まれたのだとしたら彼女もまた多くの魅力的な女性たちと同様、コンプレックスを魅力に変えたのです。

ヘアスタイルやメイク、
ファッションなど外見の変化は、
そのとき私が何にインスパイア
されているかの「反映」なの。

B
runette

ブロンドの髪の秘密

四十代半ばの言葉です。デビューして以来、アヴァンギャルドなヘアメイクやファッションに挑戦し続けてきたマドンナですが、そのインスピレーションの源は、映画や文学がほとんどです。

「私のスタイルは複雑でさまざまな要素が混じっているの。そのときそのときで、それまでのスタイルが急に我慢できなくなったりするのよ。本能のまま、と言ってもいいわ。変えたいと思ったらそれまでのイメージなんてどうでもよくなるの」

髪の色についても同様。ほとんどはブロンドだけれど、本来の髪の色はブルネット、黒髪です。三十代のはじめ『ライク・ア・プレイヤー』を発表したときにはブルネット。「そんな気分だったの。黒髪のほうが落ち着く気分」。

四十歳のとき『レイ・オブ・ライト』でグラミー賞を受賞したときも黒髪で、このときはストレートのボブに赤い着物風のファッション。日本の芸者をあつかった作品からインスピレーションを受けていました。

現在はブロンドのロング。ブロンドについては三十代のころこう言っています。

「ブロンドって信じられないほど性的なニュアンスが加わるの。男がすぐに反応するからわかる。ブロンドの髪は好きだけれど、なんだか別人になったような気がするわ」

しなやかで強い
体でいたいわ。
そのほうが動くのも楽だし、
見た目も魅力的でしょ。

Yoga

人生を変えるヨガとの出合い

デビュー当時はぽっちゃりとしていて、「おなかがポッコリ出ている」と記事で書かれ、ひどく気にしていたこともありました。自分の美意識に自分の体を近づけるためにトレーニングをし、二十九歳のときのツアーで引き締まった肉体を披露、三年後の「ブロンド・アンビション・ツアー」で「マドンナ＝筋骨隆々」のイメージを決定的にしました。そのトレーニングは超人的であり、体を壊すギリギリのものでした。

ジャン＝ポール・ゴルティエのデザインによる円錐《えんすい》形のブラやコルセットで鍛え上げられた肉体を際立たせたマドンナは三十二歳。以後ずっとトレーニングは続け、やがてヨガが加わります。ヨガがマドンナに与えた影響は大きなものでした。

「瞑想《めいそう》することで沈黙のエネルギーを知ったの。それまでは一秒たりともじっとしていられなくて、何もしないでいることに罪悪感をもっていたのよ」

五十七歳ころのインタビュー。「ヨガ以外でも、カーディオ・ダンス、空手、インターバル・トレーニング、バレエのエクササイズ、サイクリング、それから家での階段の昇り降り、体はいつも鍛えているわ」

こうして六十歳になった現在も年齢を超越したボディを保ち続けているのです。

オーナーになるなら
映画スタジオよりも
アートギャラリーがいいわ。

Art

強い女性への共感

この言葉の前には「うんと年をとったらね」がありますが、マドンナは芸術をこよなく愛し、美術品の収集家としてもその世界では有名です。

なかでもメキシコの女流画家フリーダ・カーロの『私の誕生』という絵は一時期自宅の玄関に飾ってあり、マドンナはその絵を観た人々の反応を楽しんでいました。女性の開かれた脚の間から胎児が出てくる様子を描いたショッキングな絵で、それを観た人の反応で、その人と仲良くなれるかなれないかを判断していたのです。

女流画家タマラ・ド・レンピッカもお気に入りで、多くの作品を収集、イベントやミュージアムに貸し出したこともあります。「エクスプレス・ユアセルフ」「オープン・ユア・ハート」「ヴォーグ」のミュージックビデオでタマラの作品を使い、彼女の作品を美術に関心のない人たちにも知らしめました。

ほかにもダリやピカソなどさまざまなアーティストの作品を購入していますが、基本的にはタマラ、フリーダなど、波瀾《はらん》万丈の人生を力強く生き抜いた女性、本人そのものに共感し、その生き方が表現されている作品を愛しているようです。

好きな男に
キスすることの次に
読書が好き。

Philosophy

内省的な精神

マドンナの読書好きは相当なものです。たとえば、一時期ジャンヌ・ダルクと並んで憧れていた女性に作家のアナイス・ニンがいます。彼女は自らの欲望、愛情、性の自由、そして文学を生涯にわたって追求した作家。二十代のころからマドンナは彼女に心酔していました。

またアン・セクストンとシルヴィア・プラスの詩も愛読。ともにアメリカの詩人で「告白詩」というジャンルを創り出したことで知られます。ふたりとも不安定な精神をかかえながら自己の内面を見つめた人で、ふたりとも自ら命を絶っています。その最期はマドンナと決定的に違うけれど、マドンナが深く内省的な精神をもっていることは、彼女たちの作品を愛したという事実が雄弁に語るでしょう。

ほかにもシェイクスピア、フィッツジェラルド、ヴァージニア・ウルフなどを愛読、ヨガの流れでヒンズー教に興味をもったときには、その聖典「バガヴァッド・ギーター」に読みふけり、神秘的な世界に惹かれたときには、さまざまな哲学書を読破しています。

マドンナは思索の人でもあるのです。

私は日本食が大好き。
私のシェフは日本人よ。

F ood

自分に必要な「食」を知る

二〇〇五年十二月、日本のテレビ番組にあった「ビストロスマップ」に出演した際「うちには日本人シェフがいるの、マユミさんっていうのよ」と発言、マユミさんって誰？　と話題になりました。マドンナのプライヴェート・シェフは西邨《にしむら》マユミさん。二〇〇〇年からおよそ十年間マドンナ一家の食生活を支えた彼女は、現在マクロビオティック・ヘルスコーチとして活躍中。

マクロビオティックは、基本的に砂糖、乳製品、卵、肉類は摂らず、玄米、菜食など日本の伝統食をもとにした料理法。マドンナは自分自身と子どもたちのために、体に良い食事を望みました。本を読み、食と健康についての理解を深め、疑問があればすぐにマユミシェフに質問、その熱意は生半可なものではありません。甘いものが好きだけれど節制することができて、アルコールはほとんど飲まず、食事の量も自分で加減していました。マユミシェフ曰く「自分に必要な量が自分でわかる人」。

マユミシェフが日本でやりたいことがあるという理由で辞めるとき、マドンナは「いつでも戻ってきてね。日本で仕事をするときには私のシェフをしていたということを上手に使ってね」とエールを送りました。五十七歳ころのインタビュー。「マクロビの食事は好きだけど厳密には続けていないわ。マユミさんが辞めちゃったのよ」。

ずっと美の秘密を
徹底的に知りたかった。
中途半端なのが嫌なの。

Beauty

誇りに思える「スキンケア」商品

二〇一四年に日本で発売開始された「MDNA SKIN」は、マドンナがプロデュースするスキンケアブランド。二〇一七年にはアメリカでも発売が開始されました。

このブランドに関する言葉には美意識を超えた彼女の人間性が表れています。

「自分に最適なスキンケアについて長い間真剣に考えてきたの。エステティシャンや皮膚科医を質問攻めにしてね。ずっと美の秘密を徹底的に知りたかった。中途半端なのが嫌なの。人生も同じだと思う」

そんなマドンナに日本のMTG社の松下剛《つよし》社長からオファーがきます。

「アフリカでのチャリティ活動を共にしたときの彼の、恵まれない子どもたちを前に心を痛めている姿に胸をうたれたの。そういう状況でのふるまいにこそ、その人の本質が表れる。スキンケアとは関係ないと思うかもしれないけど、すべてはつながっている。私はこの世の中を良くしたいと思っている人としか組みたくないの」

「心から誇りに思えるものを」というマドンナのこだわりが半端ではなかったため、開発には七年の歳月を要しました。

「でもだからこそ完成したプロダクトには誇りをもっているわ」

究極の美は
幸福であること。

Happy

美の秘訣《ひけつ》

二〇一六年、マドンナ五十七歳。「レベル・ハート・ツアー」で来日し、テレビ番組「news zero」のインタビューに応じました。

番組ではマドンナを「ルイ・ヴィトン」「ヴェルサーチ」などのモデルをつとめる「美の象徴」と紹介。美の秘訣についての質問がされました。

マドンナは「私は煙草《たばこ》も吸わないし、お酒もたまにしか飲まないの。日焼けをしないことも重要ね、それからお水をたくさん飲むこと」などと答えましたが、最後にもってきたのは、内面的なことでした。

「究極の美は幸福であること。世界一美しい存在であっても自分が幸福でなければ自分が美しいとは感じられないでしょう? 美の秘訣は内面の幸福感だと思うの」

続けて「自分の活動を通じてみんなにエネルギーを届けられて、子どもたち全員がそろって過ごせて、誰かに足をマッサージされながら八時間たっぷり眠れたら最高に幸福」と笑いながら語りましたが、マドンナは不眠症で眠ることが苦手。これは本人も、また親しい人たちも言っていることです。

笑うことって、とてもたいせつ。
私は自分のことを
笑い飛ばすようにしているの。
深刻になりすぎないように。

ensitive

感受性の強い人

笑うことがたいせつ、とは美しく年齢を重ねている人たちに共通の言葉のようです。オードリー・ヘップバーンも、ジェーン・バーキンも同じことを言っています。マドンナは自分をこう分析します。

「私は物事に対して心配しすぎる傾向がある。他人にどう思われるか、人を傷つけるんじゃないか、最高の仕事をしているか、っていつも気に病んでいる」

最近のインタビューでは「悩んだりすることはありますか？」という質問に対して、なんて当たり前のことを聞くの？　という調子でこう答えています。

「あらゆることについて悩んでいるわ。一日中子どもたちの心配をしているし、自分の健康のこと、夜眠れないこと、自分が携わっているすべてのプロジェクトのこと、そして世界情勢。悩ましくないことなんてひとつもないわ」

世界的なスーパースターであり続けることのプレッシャー、それを克服するためのあらゆる努力に加えて、世の中を良くするための活動、さらに六人の子どもたちがいるなど、マドンナが抱えているものは、はかりしれないものがあります。

「笑うこと」についての言葉には、感受性や責任感が人一倍強いマドンナが自滅することなく、エネルギッシュに生き続けている秘訣があるように思います。

私は物事に対して
心配しすぎる傾向がある。
他人にどう思われるか、
人を傷つけるんじゃないか、
最高の仕事をしているか、って
いつも気に病んでる。

私は自分の年齢に
負けないわ。

A
ge

六十歳になったとき

二〇一八年に六十歳になったときの言葉です。このあとには「どうして普通の女じゃないといけないの？ スローダウンして走るのをやめて家でブクブク太るなんてごめんだわ。ありえない」が続きます。

近年のマドンナを見ていると「年をとることに反抗する」ことを楽しんでいるように見えます。いい年をして若さに執着している、若い女と張り合っている。そんな悪口もありますが負けてはいません。「いま若さで勝負している人たちもいずれ年をとるのよ、そのとき私みたいに冒険していられる？」。

五十歳のときの言葉も爽快です。

「二十五に見える五十の女だからって何だっていうの？ 何か問題でもあるの？ もっと落ち着けって？ うるさいのよ」

美容整形については、いったいどこまでが美容整形になるのか、という根本的な定義は必要でしょうが、「美容整形手術は受けていない」と言っています。ただやはり外見の美しさを保つために、自分自身の許容範囲内でさまざまなことを試してはいるでしょう。それは周知の事実。ただし過度なことはしていないのは、マドンナ本人を見ればよくわかります。

私には限界がないって気づいたの。
限界って、いつだって外部からの、
自分自身や自分の能力を信じてい
ない人たちからの影響なのよ。

Change

変化を楽しむ冒険者

「やりたいことや、なりたいものに年齢制限があるなんて信じない」

五十代後半のインタビューで、年齢を重ねることについて問われたときの答えです。

「年齢制限」を「性差による制限」に置き換えれば、そこには彼女がデビュー当時から主張し続けてきたことと同じものがあることがわかります。

人が性差や年齢で、何かを制限させられることに対する強い反発です。

心理学者をはじめ、さまざまな分野の人がマドンナについて語っています。彼らに分析されるまでもなく、マドンナはつねに新しいものを求める冒険者です。そして変化することを恐れないどころか、それを楽しんでいます。

多くの人は年齢を重ねるにつれて自分の限界を自分で設定し、自由な精神、冒険心を失い、慣れ親しんだライフスタイルのなかに安住しようとします。

けれどマドンナは違う。彼女はつねに新しい世界を求め、自らの未来を自ら創り出しているのです。

CHAPTER Ⅱ

Family

家族

やっと真に
たいせつなものを
手に入れ始めたの。

悲しいことがあったときや、
何もかもがうまくいかないとき、
自分を見失うのは簡単。
私はそれが嫌。
だから自分をコントロールして
立ち直ってきたの。
自制心がたいせつなのよ。

Sadness

少女時代の悲しみ

マドンナ（マドンナ・ルイーズ・ヴェロニカ・チッコーネ）は、一九五八年八月十六日、アメリカのベイ・シティに生まれました。母親はフランス系カナダ人の子孫。父親はイタリアからの移民二世。マドンナにはフランスとイタリアの血が流れています。

マドンナが五歳のとき、母親が乳がんのため三十歳という若さで亡くなります。幼いころのエピソード。日に日に弱っていく母親に苛立《いらだ》った幼いマドンナがソファで横になっている母親の背中を思いきり叩くと、母親は涙をはらはらと流しました。遊んであげたいのにそれができない自分が悲しかったのでしょう。マドンナはその涙にはっとします。「母よりも私のほうが強いと感じて母を両手で抱きしめたの」。このときの経験は幼いマドンナにとって衝撃的で、人に弱い姿を見せるのは嫌だ、泣く側の人間ではなく泣く人を抱きしめる側の人間になりたい、と思わせました。

大好きだった母親の死は、当然ショックで、精神が不安定になります。「何年もの間、毎晩悪夢にうなされたわ。広場恐怖症にもなったし」。

それでも彼女はなんとかこれを自力で克服《こくふく》。おそらくマドンナが自分をコントロールして立ち直ったはじめての経験でしょう。

私はオールAの
優等生だった。
好きで勉強していた
わけじゃないの。
しなきゃならないから
やっていただけよ。

H
onor student

反抗的な優等生

マドンナは六人きょうだいの長女。二つ年上の兄と一つ年上の兄、一つ年下の妹、二つ年下の弟、四つ年下の妹がいます。

母親の死後、家政婦だった女性と父親が再婚。この継母《けいぼ》にマドンナは反抗的で、「ママ」と呼ぶことはありませんでした。父親と同じく継母はしつけに厳しく、六人の子どもたちは彼女の監視のもと教育されました。

ジュニア・ハイスクールでのマドンナは成績優秀。本人曰く「勉強をしなければ叱られるし、成績が良いと父親からお小遣いがもらえるから頑張っていた」のですが、もともと賢く、負けず嫌いなので成績も優秀だったのでしょう。

マドンナが育ったのは保守的な価値観をもつ家庭でした。人と競争し続けること、学校で良い成績をとること、そして神に祈ることがたいせつなこと。そうすれば必ず見返りがあるという教育は、マドンナには居心地が悪く、家から出ることを夢見るようになります。弟のクリストファーとは仕事を一緒にするなど、ある時期良好な関係でしたが、後年、彼が姉マドンナのことを語った『マドンナの素顔』を出版したことで決裂しました。薬物、アルコール依存などの問題をかかえている兄、姉を嫌っている妹もいて、きょうだいとは疎遠です。

私の人生に
口出ししないで！

Father

父親との複雑な関係

ミシガン大学での、四年間の学位コースの途中で、マドンナは大学を中退し、ダンスの本場ニューヨークに行く決意をします。マドンナ十九歳。このとき父親は大反対。奨学金を無駄にすることの愚かさ、そしてとにかく大学を卒業することのたいせつさを説きますが、マドンナは聞く耳をもちません。「私の人生に口出ししないで!」、これは何度かの不毛な話し合いのうち興奮したマドンナが父親に投げつけた言葉。これをきっかけに父と娘の関係は何年にもわたって冷えこみます。

有名になってからも父親に認められたい、愛されたいと願っていて、それはいじらしいほどです。ドキュメンタリー映画のなかでの父親との会話シーンなどを見ても、どうしてもぎこちなく、故郷デトロイトでのライブのときに父親をステージにあげて誕生日を祝ったり、コンサート前のスタッフたちとの祈りの儀式に父親を参加させたりもしていますが、彼女の願いは叶えられたことがないように見えます。

父親は娘が有名になったことが誇りでもあるけれど、やはりその表現の仕方が強烈でショッキングなので「理解」できず、心から称賛することができないのでしょう。

子どもが生まれたら、
自分の殻から
一歩踏み出さなくちゃ
ならないの。

D
aughter

愛する娘への曲「リトル・スター」

一九九六年十月十四日、三十八歳のときロサンゼルスの病院で女児ローデス・レオンを出産します。

「子どもがいることで妥協しなきゃならないことがたくさん出てくるわ。でももっと仕事を減らして娘との時間を増やしたいの」「娘が生まれてから時間が経《た》つのがとても速い。だから完璧な口紅の色を選ぶことに時間を費やしたくなんかないの」。

『レイ・オブ・ライト』のアルバム制作中、よちよち歩きを始めたばかりの娘がスタジオの休憩室にいました。アルバムのなかの一曲「リトル・スター」は娘に捧《ささ》げた愛に満ちた子守歌です。

母になったことでマドンナは大きく変化しました。気ままなパーティーモードの日々が終わったことを、嘆くのではなく楽しんで受けいれていたのです。

「娘は私が有名人だなんて知らずに、無条件の愛を注いでくれる」

有名人ならではの、自分に近寄ってくる人が自分そのものを愛しているのか、それとも名声ゆえなのか、「みんなに食いものにされている気がするの」と嘆いていたマドンナにとって、娘の存在は奇跡のように愛《いと》しく、かけがえのないものだったのです。

結婚はしていても
不健全な関係の夫婦を
いっぱい知っている。
結婚はなんの保障にも
ならないのよ。

Marriage

「結婚」への疑問

マドンナは娘を産んだとき未婚でした。

父親は当時の恋人カルロス・レオン。彼がマドンナの名声の脇役に甘んじることを嫌がったこと、ほかにもさまざまな理由があり、妊娠七か月のときにふたりは別れます。

彼はマドンナに娘の単独監護権を与えましたが、マドンナは「娘が父親なしで育つのは嫌」と、娘と父親との間に良好な関係が築けるように配慮、現在も父娘の関係はとても良く、そしてマドンナとレオンの友情も続いています。

結婚をしないで子どもを産んだということで当時はかなりバッシングを浴びました。

「最悪の記事は、注目を浴びるために子どもを産んだ、って非難されたこと。まったくばかげているわ」

「みんな未婚の母になるという私の選択に異常なほど批判的。まるで私がそういうことをする最初の人間みたいに言うの」

そして、結婚をしていても愛情のない夫婦がたくさんいること、そして自らの離婚経験もあり、「結婚はなんの保障にもならない」といった発言をしたのです。

たいせつなのは、
娘と本音で向き合い、
この世界の知識を共有すること。
自尊心とは何か、
自分自身をどうとらえるか、
どう自立していくか。

P
roud

娘に教えられたこと

この言葉で表現されている心情はもともとマドンナのなかにあったけれど、より具体的なものを彼女は求めていました。妊娠中、マドンナは自分自身ととことん向き合いました。母親は自分にカトリックの信仰を教えてくれた。「私は人生について、どんなことを子どもに語ればいいの？」。

やがてカバラ信仰と出合い、人生そのものが深みを増してゆき、マドンナの中心に静かな聖地のようなものが生まれ、娘にもカバラの教えを伝えるようになります。

マドンナは娘との時間を心底慈《いつく》しんでいました。

「子どものおかげで、自分自身を見つめることができるの。子どもってほんとに親の鏡だし、魂《たましい》に生気を吹きこんでくれる存在よ」

美しく育った娘、ローデス・レオンは二〇一八年現在二十二歳。ミシガン大学の学生として、またモデルとして活躍中です。知的で分別がある彼女は「多くの人に注目される状況がずっと続かないようにすることが私にとってはたいせつ」と、自分の立場に慎重です。

母娘の関係は良好でときには仕事もともにし、マドンナは娘のことを誇りに思っている発言を、さまざまな場面でしています。

やっと真にたいせつなものを
手に入れ始めたの。
親密な関係、愛情、そして子ども。
これこそがたいせつなの。

Television

子どもにテレビは見せない

二〇〇〇年八月十一日、四十二歳になる直前、二人目の子どもとなる男児ロッコ・リッチーを出産します。

この言葉は、再婚したばかりのロッコの父親ガイ・リッチーとの関係も良好で幸せをかみしめていたころのものです。

二〇〇六年に発売されたドキュメンタリー映画『アイム・ゴーイング・トゥ・テル・ユー・ア・シークレット』には八歳の娘と四歳の息子の愛らしい姿があります。マドンナは、いわゆる厳しい母親です。「子どもたちにはテレビを見せないわ。本を読んで自分で考えることを教えたい」「みんながやっているから何かをやりたい、なんて言うような子どもにはなってほしくない」。

一方で、自分のキャリアと母親であることの葛藤《かっとう》をかかえ続けてもいます。

自分が子ども時代に得られなかった母親からの愛情を子どもたちに与えたい、という想い。けれど、自分は子どもたちに充分なことをしてあげられていない、という負い目。仕事に情熱をもつ母親に共通の悩みを、マドンナももっているのです。

ようやくすべてに
勝つ必要がないことを
学んだの。

息子の思春期を前に

ガイ・リッチーとは二〇〇八年五十歳のときに離婚。子どもはマドンナが育てていましたが、二〇一五年の十二月、十五歳になった息子が父親と暮らしたいと望んだため親権争いにまで発展しました。

息子の思春期の反抗、と言えばそれまでですが、マドンナにとってなにより苦痛だったのは、「息子が自分と一緒にいたくないと思っている」という事実。そんななかで行われた「レベル・ハート・ツアー」は苦難に満ちたものでした。スタッフのひとりは言います。「息子に電話しても出てくれなくて、もうこれ以上は無理、私ボロボロ、と言ったこともあったし、泣きながら舞台裏に消えることもあった」。

問題が解決したのは、およそ九か月後。マドンナは息子が父親とロンドンで暮らすことに合意。息子ロッコをふくめた子どもたちとの集合写真をインスタグラムにアップして、こう書きました。「私たちは家族よ！　世界のどこにいようと」。

この一連の争いは結果的にマドンナが相手の要求をのんだということになります。すべて思い通りにしなければ気がすまなかったマドンナにとって新たな経験でした。けれど彼女は「勝たない」ことで息子からの愛情を取り戻しました。のちに友人に語ったように「すべてに勝つ必要がないことを学んだ」のです。

私という本の
次なる章が始まったの。

Portugal

なぜポルトガルに住むのか

マドンナには実子である娘と息子のほかにマラウイの孤児院から迎えた養子四人、計六人の子どもがいます。

二〇〇六年、四十七歳、まだガイ・リッチーと結婚しているとき、男児デイヴィッド・バンダと、離婚後の二〇〇九年には女児マーシー・ジェームズと養子縁組しています。どちらのときも、世界中のマスコミを賑《にぎ》わせ、激しい論争に発展しました。彼女の行為は深い社会的意識によるものか、単なる身勝手な欲望か、というものです。

「私、そんなにひどいことをしている？」

心ない中傷も多く、眠れぬ夜を過ごすこともありましたが、二〇一七年には四歳の双子の女児エスターとステラを新しい家族としました。

同年、四人の養子とともにポルトガルのリスボンに移住。理由としてはデイヴィッドがポルトガルのサッカーチームに選ばれたこと、トランプ政権のアメリカを離れたかったことなどがあるようですが、なにより直感でした。

「ポルトガルのエネルギーが私をよりクリエイティヴで生き生きとした人間にしてくれるの。私という本の次なる章が始まったのよ」

私は聖母《マドンナ》のように、
世界の子どもたちの
精神的な母になることを
選んだの。

M
aternal

母性の象徴

アフリカ・マラウイでの支援活動は「世界の子どもたちの精神的な母」になりたいという想いから生まれたものです。

二〇一七年にマラウイ初の小児外科と集中治療を専門とする「マーシー・ジェームズ病院」を設立、開設式典に出席したマドンナをマラウイの大統領は「母性の象徴」と称賛しましたが、これは的を射た言葉でしょう。

母性が女性の本能か否かはさまざまな意見がありますが、マドンナは母性がとても強い女性のようです。三十になったばかりのころから、ツアーをともに行う若いダンサーたちを「私の子どもたち」と呼んでいるくらい。けれど、出産して実際に自分が「母親」となると、母親業の大変さを実感します。

二〇一八年五月十四日、母の日には五歳のときに死別した母親に抱かれている幼い自分の写真をインスタグラムにアップ。キャプションにはこんな言葉があります。

「親愛なるお母さん、あなたはたくさん苦しんで、夢を追うこと、自分を表現することができなかった。私はお母さんが（天国で）ずっと笑顔で誇りをもち続けるための光を届け続けたいわ。あなたと、そしてすべてのお母さんたち、もがいてがんばり続けているすべてのお母さんたちに、Happy Mother's Day!」

CHAPTER Ⅲ

Work

仕事

……プロフェッショナル

私は自分を
繰り返すことだけは
絶対にしたくない。

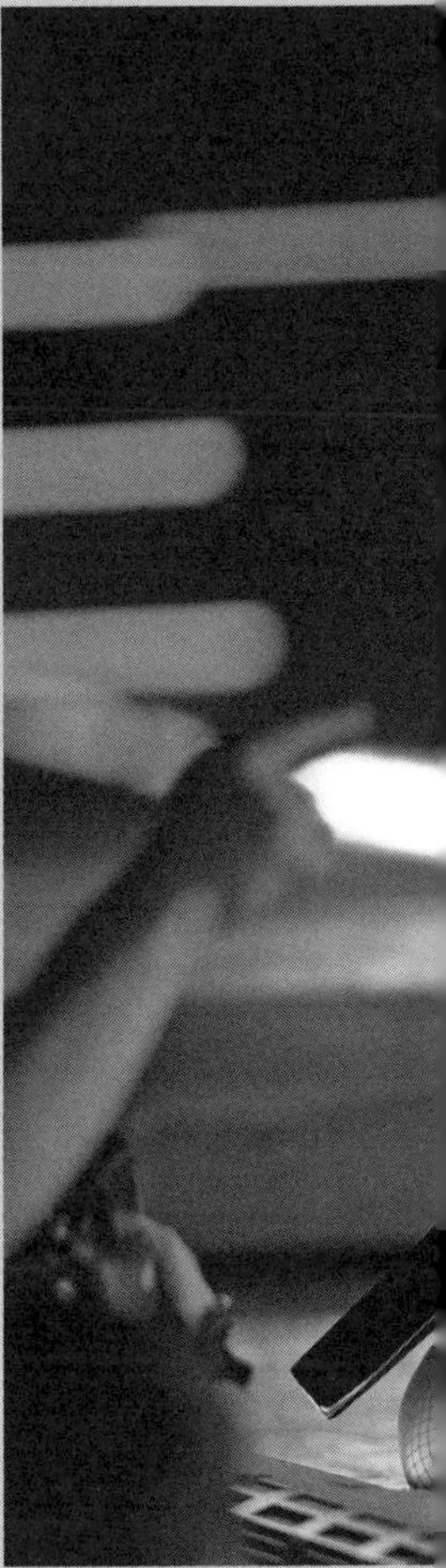

私は芸術品、
そう、芸術そのものなの。

「アーティスト」としての矜持《きょうじ》

A
rtist

これはマドンナ四十八歳、「コンフェッションズ・ツアー」のメンバーのひとりに言った言葉です。その挑発的、スキャンダラスな面だけが強調されて取り上げられることはあっても、アーティスト（芸術家）として正当に評価されることは、彼女がかなり有名になってからも、多くはありませんでした。

二十四歳のときに「エヴリバディ」でデビューしてから三十六年。ギネス・ワールド・レコーズ」で「史上最も成功した女性アーティスト」、「全世界で最も売れた女性レコーディング・アーティスト」に認定され、映画の世界でも活躍し、女優、監督もこなします。

作詞作曲からライブの演出もすべて本人が手がけるマドンナには、なによりも「アーティスト」がふさわしいでしょう。単なるポップスターでも、単なるセレブリティでもないのです。

「作品がすべて」と言いきり、表現者、アーティストとしての自負をもち続けているからこそ、六十歳になっても衰えることなく、新たな「作品」でファンを魅了し続けているのです。

居心地がよい場所で
私は新しい自分に
生まれ変わった
気がしたの。

Place

「ゲイクラブ」という居場所

マドンナが「アーティスト」に目覚めたのは、ハイスクールの二年目、十五歳と考えてよいでしょう。それまでにもジャズやタップなどのダンスを習っていたけれど物足りなくなり、バレエ教室に通いだし、教師クリストファー・フリンに出会います。彼は「学びたいという意欲がみなぎっていた」マドンナに才能を見て、アートギャラリーやコンサートに連れてゆき、読書をすすめ、「芸術的情熱」を教えました。また、彼自身がゲイであったことから、マドンナはゲイカルチャーという新たな世界を知ります。

「学校では変なやつだと思われていて、自分は欠陥《けっかん》だらけの人間だと感じていた。でもゲイクラブという居心地がよい場所で新しい自分に生まれ変わった気がしたの」

一九七〇年代初頭、ゲイが社会的にタブー視されていた時期。ゲイクラブは同性愛解放運動の高まりとともに生まれたサブカルチャーで、快楽の追求、独創的であることに価値を見いだす人が集まっていました。似た意識、似た価値観をもつ人が多い場所は居心地がよく、自分のなかにある魅力が引き出されやすいもの。マドンナはゲイクラブを自分の原点のひとつと位置づけるようになります。

学校では変なやつだと
思われていて、
自分は欠陥だらけの
人間だと感じていた。

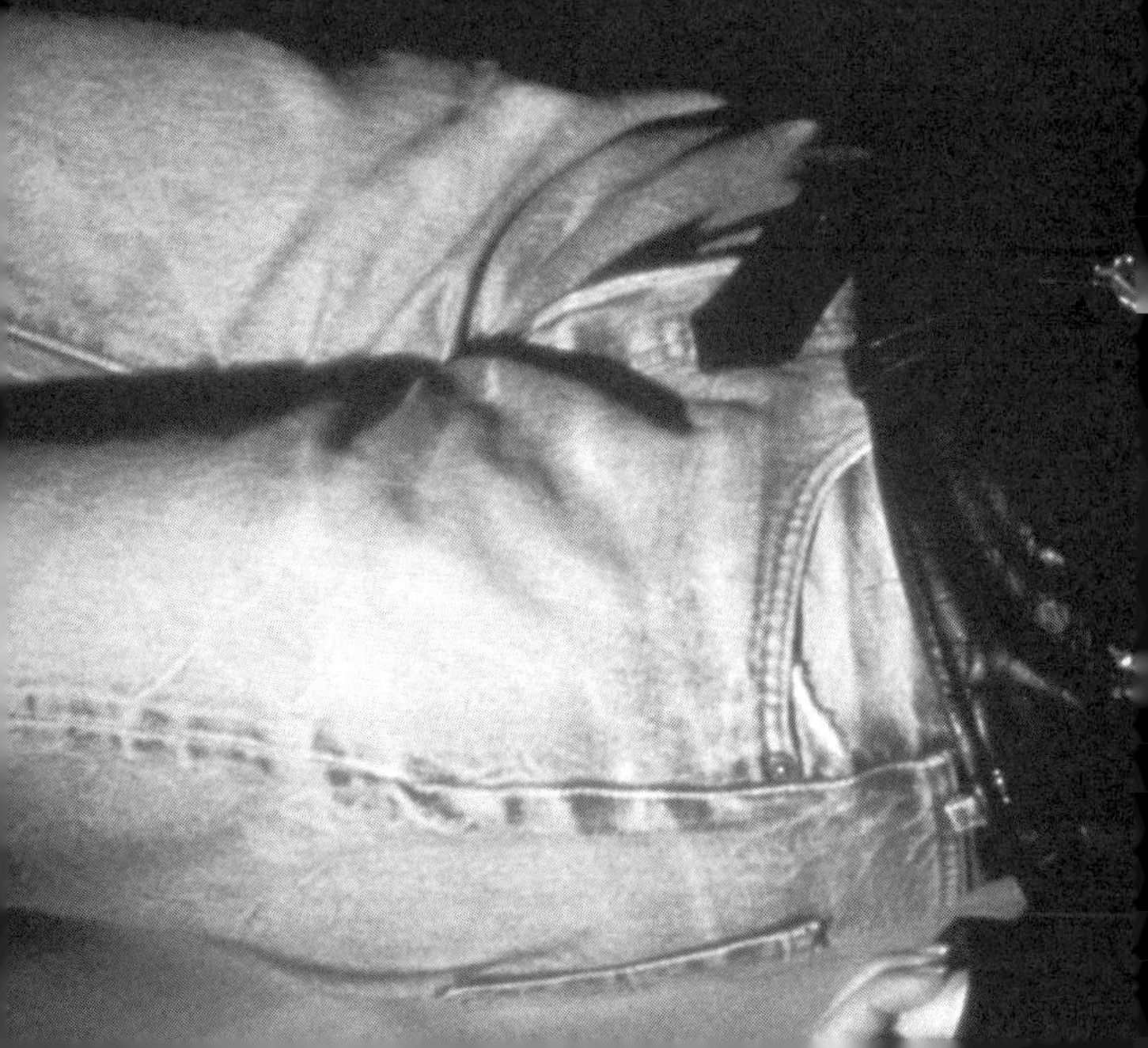

自分が正しいって
自信があるの。

C
onfidence

二十四歳、ゆるぎない自信の源

ハイスクールを卒業したマドンナは奨学金を獲得し、名門ミシガン大学芸術学部のダンス科に進みます。けれど、どうしても抑えきれない野心があり、父親の反対を押し切って大学を中退、十九歳で単身ニューヨークに出ます。

極貧生活のなか、ウエイトレスや画家のモデルをしながらダンスフロアで踊り、曲を書き、チャンスを狙っていました。さまざまなチャンスが訪れては消え、四年が経った一九八二年秋、マドンナ二十四歳、シングルレコード「エヴリバディ」で、ついにデビューを果たします。作詞作曲ともマドンナ。マドンナは最初から作詞も作曲も、そしてプロデュースも自分でするというスタイルでした。

キャリアのある友人のミュージシャンが歌詞を見て、単純すぎるから手を入れてあげよう、と言ったとき、マドンナはきっぱりと断りました。「自分が正しいって自信があるの」。ダンスフロアの人たちに、音楽に身をゆだねて自由に踊ろう、と呼びかけるという、たしかに単純な歌詞です。けれどこの曲はダンスチャートのトップに躍り出ました。デビュー曲からマドンナは自分自身を信じていたのです。

私の曲を
好きになれないなら、
私と組む必要はないわ。

P
artner

「仕事相手」には必ず会う

ファーストアルバムは順調に売り上げを伸ばしていましたが、スーパースターの座を獲得するためには、セカンドアルバムが重要、ということを充分に認識していたマドンナは、ナイル・ロジャースに声をかけます。彼はマドンナが尊敬するデヴィッド・ボウイのサウンドに新たな世界を与えた名プロデューサー。彼と組めたら可能性が広がる、と考えたわけですが、だからといって低姿勢にはならない。「私の曲を……」、これは彼に会って、デモテープを聴かせたときの言葉です。

マドンナは、このころからプロデューサー選びに慎重でした。同じ人と長い間組むことはありません。つねに新しいサウンドを求めているからで、そのときそのときの自分が最も輝ける音楽パートナーを選ぶことにおいても天才的だと評価されています。

また、マドンナのスタイルとして「仕事をともにしたいと思った人には必ず会う」があります。電話やメールではすませない。フェイス・トゥ・フェイスを大事にしているのです。

私は人が悪趣味だとか
変だとか言うものに
惹《ひ》かれるの。
何かがあると思うのよ。

V irgin

「ライク・ア・ヴァージン」騒動とは？

一九八四年十一月、マドンナ二十六歳。セカンドアルバム『ライク・ア・ヴァージン』が世界的に大ヒットしてブレイクします。

アルバムからの第一弾シングルで、アルバムタイトルにもなった「ライク・ア・ヴァージン」の作詞は、当時は無名に近かったビリー・スタインバーグ。彼はつらい離婚後、ある女性と恋におち、「果てしない荒野を抜け出して新しい自分に生まれ変わったような気持ち」を歌詞にしました。

マドンナの最初の感想は「悪趣味で変な曲！」。これは彼女が興味をもったということ。何かがある、と感じたのです。「さまざまな意味がこめられていて、すごいと思った。これなら、みんなをドギマギさせられると確信したわ」。

「ヴァージンは、たしかに処女という意味だけど、この曲で表現されているのは、性的な意味よりも、新しい、という意味なの。恋やそのほかのことで、自分をまっさらで新鮮にしてくれるものがあるわよね、それってすてきな経験よね、って私は歌っているのよ。でも世間はヴァージンという言葉だけに反応したわ。狙い通りなんだけど」

プロデューサーはこの曲を使うことに反対しましたが、このときもマドンナは自分の意見を通しました。結果、彼女の代表曲のひとつとなったのです。

私は何年間も、
がむしゃらに仕事をしてきた。
いま手にしているもの
すべてのために働いてきたの。
だから手に入れて
当然だと思った。

Charm

真の魅力が見えた瞬間

二十六歳、『ライク・ア・ヴァージン』で大ブレイクしたころの言葉です。スターを夢見てニューヨークに出て六年。どれだけの努力をしてきたのかがうかがい知れます。

翌年、全米をめぐるマドンナのはじめての、まさに「ヴァージン・ツアー」が行われました。観客はほぼ女性。会場はマドンナのファッションを真似《まね》た女の子でいっぱいでした。マドンナは純白のウエディングドレスを着て「マテリアル・ガール」、物質主義、拝金主義を皮肉った歌を歌いあげ、観客に向かって叫びます。

「私はマテリアル・ガールなんかじゃない、みんなもそう思うでしょう？　お金なんかいらない、愛がほしいの！」

ライブの途中、感激のあまり涙をうかべながら観客にしずかに語りかけます。

「同窓会の女王なんかには一度も選ばれたことがないけど、なんだかそんな気分よ」

マドンナの魅力はなんといってもライブにある、とは多くの人が認めるところ。

等身大のマドンナ。生命エネルギーあふれるマドンナ。自らの欲望に忠実なマドンナ。深い情愛をこころの奥に抱いているマドンナ。多くの人がこのツアー、そしてツアービデオでマドンナの真の魅力を知ったのです。

ただ話をして、
私のアイデアを
利用されるのは嫌。

賢きアーティストの鋭さ

マドンナ二十七歳のころ、アンディ・ウォーホルがマドンナに「一緒に映画をつくらないか」と提案してきました。「ポップアート界のキング」からのオファーにマドンナはこう答えました。

「いいけど、あなたからの、もっと具体的な話を聞かせてほしいわ。ただ話をして、私のアイデアを利用されるのは嫌なの」

これはマドンナの賢さと、自分の価値というものをどう考えているかを物語るエピソードでしょう。

ただ、話をして、アイデアだけをもらうということに何の疑問も感じない人がいまでも多いけれど、マドンナは自分の頭のなかにあること、アイデアに大きな価値があることを知っていたのです。

ウォーホルは日記に記しました。

「マドンナは実に聡明な女性で、頭が切れる。ほんとうにすばらしい」

私がふたつの分野で
成功するのを
喜ばない人たちがいるの。
ただそれだけのこと。

Movie

映画界でのシビアな評価

二十九歳のとき、マドンナ主演の映画『フーズ・ザット・ガール』が公開されました。誤認逮捕による殺人罪で投獄されたヒロインが仮釈放ののち、真犯人探しに乗り出すというストーリー。

「ヒロインは勇気があってユーモラスで、でも人から誤解されやすい性格なの、それでも最後は身の潔白を証明する。すっきりするわ。なにより、彼女は自分の傷つきやすさを隠すためにタフなふりをしているだけなの。私との共通点がいっぱいあるのよ」

監督のジェームズ・フォーリーもマドンナとほぼ同年代、この映画に全力を投入しますが結果はよくありませんでした。彼女は映画の失敗を自分の責任と感じ、マドンナに対しても申し訳ない気持ちでいっぱいでした。マドンナ本人もほんとうは落ちこんでいたのですが、ある日、エレベーターで監督に会ったとき「あれって、こけたのよね?」とひとこと、なんでもないことのように言ったのでした。

公のコメントはじつにシンプル。

「私がふたつの分野で成功するのを喜ばない人たちがいるの。ただそれだけのこと」

映画の世界ではなかなか認められない。いくつかの例外はあるものの、これはずっとマドンナにとって「納得できない」こととして現在に至ります。

私は自分の体を知りつくしていて、
どんな衣装を身につければ最高か、
誰よりも理解しているんですって。
ゴルティエの言葉よ。

B
ody

「驚異の体」に隠されたもの

一九九〇年、三十二歳のときの「ブロンド・アンビション・ツアー」はアーティストとしての彼女の才能がみごとに表現されたものでした。ノートにびっしりと書かれた、ひとつひとつの曲、パフォーマンス、舞台美術に対するコンセプト。そのノートをもとにスタッフが、彼女のイメージを実現するために動くといったスタイルは、このころから一貫しています。

その豪華絢爛《けんらん》なショーは、当時のポップシンガーのライブとしては斬新でした。ここでも彼女はシンガーのステージというものに新たな道を切り拓《ひら》いたのです。

マドンナのステージの見どころのひとつは衣装。円錐形のブラとコルセットが印象的なこのツアーの衣装を担当したのはジャン＝ポール・ゴルティエ。彼はマドンナの厳しい美意識に畏怖の念を抱いていました。「つねにマドンナと同じ精神で取り組んでいる。彼女が丈夫な殻を身にまとうのは、傷つきやすい内面を守るためだ」「彼女は自分の体を知りつくしていて、どんな衣装を身につければ体が最も引き立つか誰よりも理解している」。

マドンナもどんな体が彼の衣装にふさわしいのかを理解していたからこそ、驚異的なトレーニングにより、筋肉隆々の体をつくりあげたのです。

欠点を描いていなかったら
それは嘘でしょう？
あれがあのときの私だった、
というだけ。

Loneliness

スターの深い孤独

三十三歳、ツアーの舞台裏と私生活を撮ったドキュメンタリー映画『イン・ベッド・ウィズ・マドンナ』が公開されたときの言葉です。

撮影を手がけたのは当時二十六歳の新人アレック・ケシシアン。彼の卒業制作の作品を気に入ったマドンナが大抜擢しました。キャリアなど関係なく良いものは良い。マドンナの「才能ある人を見つける才能」が見られます。

ケシシアンはマドンナに言いました。「あなたがメイクをしていなくても撮影する。悪態をつき、怒鳴りちらしている姿も撮影をする」。マドンナは服従しない彼に苛立ちますが、彼も負けず、マドンナが「撮らないで！」と叫んでも撮り続けました。そんな争いや当時の恋人ウォーレン・ベイティとの不和がわかるシーンなどもあり、赤裸々という印象を抱きます。けれど、それらを映画に収めることを決定したのはマドンナ本人。そのほうがリアリティのある映画になるという彼女の判断です。

「あれはある時期の私の実生活の断面。見せたい部分だけを都合よく選んでいるって文句を言うのは勝手だけど、選んだシーンではものすごいことが明かされているのよ」

胸うたれるのは、結局のところ、すべてをひとりでとりしきる孤独な女性、過酷なツアーを成功させるためにつねに緊張状態にあるひとりのアーティストの姿です。

見てなさい、
誰になんて言われたって、
私はしたいことをする。
それが私を非難する人への
最高の復《ふく》讐《しゅう》なのよ。

Revenge

「復讐」をパワーに

一九九一年、三十三歳。新事業を立ち上げます。

タイム・ワーナー社からの資本提供を受けて共同で設立したレコード会社「マーヴェリック」。マドンナはCEOに就任。

設立当時、「ポップスターにビジネスの才覚などあるはずがない」と多くの人が、マドンナを馬鹿にしたようなことを言いました。「見てなさいよ……」はこのときの言葉です。

「本物のアーティストがいる本格的なレーベルにしたい」というのが当初の目的です。彼女が言う「本物のアーティスト」とは「強い個性と、自分なりの考えをしっかりもつアーティスト」。マドンナはそんなアーティストの発掘に力を注ぎ、シンガーソングライターのアラニス・モリセットやミシェル・ブランチをはじめ、何組ものバンド、シンガーたちを売り出します。

ワーナーとの関係の悪化などがあり、結果としては設立から十三年後の二〇〇四年にマーヴェリックの経営から退きますが、この間にほかのアーティストが運営するどのレーベルよりも利益を生み、ワーナーに莫大な売り上げをもたらしました。

私のキャリアは、
あの写真集の
前と後《あと》に分けられる。

Scandal

初版百万部の「スキャンダル」

一九九二年、マドンナ三十四歳。写真集『SEX』が世界七か国で同時発売されました。初版百万部。「このタイトルにしたのは、挑発的だし、みんながタイトルに惹かれて写真集を買うと思ったから」。

マドンナの狙い通り、「みんながこの写真集を買いに走って、たった二秒で売り切れたの」。ところがこの写真集はあまりにも挑発的な内容のため、スキャンダルとなり、大バッシングを受けます。あれはやりすぎ、という意見が大半でした。

写真集はその話題性もあり驚異的な売り上げを記録しましたが、同時発売されたアルバム『エロティカ』はこれまでの自己最低の売り上げとなってしまいます。「みんな私を罰したいのね、ってことはわかった。だから思ったの。オーケイ、状況は理解した。残念なことには違いないけれど、理解はしたわ、って」

写真集出版の翌年には「ザ・ガーリー・ショー・ツアー」を敢行、さらにその翌年に六枚目のアルバムとなる『ベッドタイム・ストーリーズ』をリリース。表向きは強気なマドンナでしたが、人気はかつてないほど低迷。眠れぬ夜が続き、彼女は試練のときを迎えます。

「あれから数年間は何を発表しても、写真集のせいで過小評価されたのよ」

私はこの役を演じるために
生まれてきたの。
あのときは何か別の力が
私の手を動かして
いるようだった。

E

vita

十年の想いを経た『エビータ』

映画『エビータ』の主役を手に入れるため、監督に手紙を書いたときの言葉です。十四枚もの長い手紙。マドンナ三十六歳、一九九四年のクリスマスのことでした。

同名のミュージカルは一九七八年に大ヒットを記録後、映画化の話が出ては消え、ようやくアラン・パーカーを監督としてプロジェクトが軌道《きどう》にのりました。

「エビータ」はアルゼンチンのファーストレディ、エヴァ・ペロンの愛称。私生児として生まれ、娼婦《しょうふ》として極貧生活をおくったのち女優となり、ペロン大佐と結婚。ペロンが大統領になると二十四歳にしてファーストレディとなり、絶大な人気を得ました。三十三歳で病死。

マドンナは自力で綿密な調査を行い、エビータという人を研究しました。

「私自身が彼女だった。彼女の悲しみや不安、空腹、野心、焦燥《しょうそう》、すべてがわかるの」

マドンナはずっとこの役をやりたいと思っていました。十年近く切望していたと言っていいでしょう。マドンナは主役候補ではあったけれど決定的ではなく、だから監督にエビータへの想いを綴《つづ》った手紙を書いた。どうしても欲しいものを手に入れるため、そのときにできることのすべてをしたのです。

最終決定が
どうなろうと、
私はできるかぎりの
ことをする。

P assion

人の心が動くとき

マドンナがエビータ役に決まったと知ったアルゼンチンの人々の反応はヒステリックなものでした。抗議集会では「マドンナを認めない。アルゼンチンに来るなら無事に帰国させない」というプラカードが掲げられ、当時の大統領も「エビータを聖女として崇《あが》めているわが国の人々が、低俗の象徴ともいえるマドンナを拒否する気持ちはよくわかる」とコメントを発表。

ブエノスアイレスでの撮影許可が得られない。この状況に制作サイドは絶望的でしたが、マドンナひとりだけが違いました。「親善大使になったつもりで大統領を説得してくるわ。最終決定がどうなろうと、私はできるかぎりのことをする」。

そしてエビータのようなヘアメイク、ファッションで取材をし、地元の人たちと交流をはかり、ついに大統領との会見を実現させたのです。そして大統領にエビータへの熱い想いを伝え、映画のなかでメインの曲となる「ドント・クライ・フォー・ミー・アルゼンチーナ」のテープを流しました。聴き終えた大統領はマドンナの両頬にキスをし、その数日後、大統領から撮影許可のメッセージが届いたのです。

主演女優マドンナは自らの手で、映画をクランクインさせました。それを実現させたのは、どうしてもエビータを演じたい、という情熱でした。

この仕事で
私の人生は
大きく変わった。

Carrier

女優コンプレックスの克服

『エビータ』は歌、映画、主役、というマドンナが望むすべてがある、マドンナが長い間待ち望んでいた仕事でした。

「私がこの役に決まったとき、あちこちから批判されたわ。歌も演技も不充分だって」。誰よりマドンナ自身がそれを自覚していました。セリフなし、すべて歌というミュージカル映画、最高のものを創るために彼女は全精力を注ぎます。

「ヴォーカルコーチと徹底的に研究した結果、いままで無理だと思っていた音域や音質の声が出ることに気づいたの、本来の自分の声を見つけたのよ」

アルゼンチンタンゴのレッスンにも力を入れ、スペインの人気俳優アントニオ・バンデラスとの重要なタンゴシーンも、みごとに演じました。

撮影後に「私の人生は大きく変わった」とコメントしましたが、たしかにその通りになりました。一九九六年十二月に公開されると大ヒットを記録。批評家からも好評で、ゴールデングローブ賞の主演女優賞を獲得したのです。

これまで十本以上の映画に出演してきたものの評価されず、そのことを嘆いていたマドンナにとって、これはほんとうに嬉しい賞でした。ようやく女優として認められたのです。『エビータ』はたしかにマドンナのキャリアの転換点となりました。

待っただけの
価値はあります。

E
valuation

「新しい私」への正当な評価

一九九八年三月、マドンナ三十九歳、七枚目のアルバムとなる『レイ・オブ・ライト』をリリース。『エビータ』の撮影を終え、はじめての子どもを出産し、人生を大きく変えるカバラ信仰に出合い、すべてのものが連動して「生まれ変わるような感覚」のなかにいました。

「パーティーばかりの日々は終わったの。これは、ここ二十年間の生活からの卒業アルバム。人生のミステリアスな部分に惹かれて、とても内省的になっていたのよ」

メインのプロデューサーに、奇才ではあるものの当時はそれほど有名ではなかったウィリアム・オービットを迎えたのは、彼となら「過去」と決別できる、「新しい私」を表現できる、という直感でした。オービットは言います。「彼女にいつも言われていたことがある。『よけいなものは足さないで』と『死んだら、いくらでも眠れるでしょ』」。マドンナの仕事に対する姿勢、熱意が見てとれます。

アルバムは批評家たちからも絶賛され、一九九九年グラミー賞で四部門を受賞。「音楽業界に入って十六年目ではじめて受賞したグラミー賞です。今夜、四つまとめていただきました。待っただけの価値はあります」とスピーチしたマドンナは四十歳。ようやくひとりのアーティストとして正当に評価され始めたのです。

世の中をいい場所にしたい。
そのためには
〝種〟の段階である子どもたちに
働きかけようと思ったの。

P icture book

絵本を創った理由

二〇〇三年の秋、マドンナ四十五歳。まったく新しい分野にチャレンジします。絵本の制作です。

絵本は五冊のシリーズで一冊目は『イングリッシュ・ローズィズ』。仲良し四人グループの女の子たちが、美しい優等生のひとりの女の子のことを嫉妬《しっと》から仲間外れにしているけれど、彼女の厳しい日常生活を知ってから仲良くなるという物語。人を見かけで判断してはいけない。みんなそれぞれに問題を抱えている。理解し合うことがたいせつ。そんなことを描いた絵本で、独自の世界観をもつイラストレーター、ジェフリー・フルビマーリの絵も印象的です。

「子どもたちに読み聞かせを始めて気づいたの。どれもこれも内容のない退屈な物語。教訓なんてひとつもないの。ただお姫さまがいて、ハンサムな王子さまが登場して結婚するだけ。お姫さまに意見を聞く人もいなければ、何かを求めてもがき苦しむ登場人物もいない。これじゃ絵本があっても何にもならない。だから自分で絵本を創ったの。もう七年近くもカバラを習っている先生からの勧めも大きかった。カバラの教えを絵本で表現することに興味をもったのよ」

子どもたちに
読み聞かせを始めて気づいたの。
ただお姫さまがいて、
ハンサムな王子さまが登場して
結婚するだけ。
だから自分で絵本を創ったの。

Lotsa de Casha
RDERS.

一緒に仕事をするのが
自分の半分くらいの年齢の
人たちばかりだから、
私はみんなの倍がんばるのよ。

H
ome

仕事と家庭の両立

マドンナ五十歳、『ハード・キャンディー』制作時の言葉です。マドンナの仕事への情熱はデビュー当時から多くの人が語っていて、その表現はさまざまなものの、基本的なことは同じ。「誰よりも気合いが入っていて、誰よりも真剣で、誰よりもハードに働いていた」。

一方で、マドンナには「家庭」があります。ドキュメンタリー『アイム・ゴーイング・トゥ・テル・ユー・ア・シークレット』に映し出された四十六歳のマドンナは十五年前のドキュメンタリーと比べて、人はここまで変化するのかと驚くほど。相変わらず強烈で反抗的で啓蒙《けいもう》的ではあるものの、はちゃめちゃさはなくなり、その知性とストイックな生活が描き出されています。当時はガイ・リッチーと結婚していて娘は八歳、息子は四歳でした。

ずいぶん年齢が下のダンサーたちに「一緒に遊べなくてごめんなさいね、私には家庭があるから」と神妙に言う場面もあり、スーパースターも多くの女性たちと同じように「仕事」と「家庭」の両立にあがいていたことがわかります。それでも、だからこそ、「家庭」をもってからはなおさら、家庭を理由に中途半端な仕事をしたくないから、誰よりもパワフルであることを自分に課したのです。

隙《スキ》を見せたら
負けて傷つくわ。

Insight

「失ったもの」への視点

マドンナ監督作品『ウォリスとエドワード　英国王冠をかけた恋』のなかのセリフです。脚本も担当しているので、彼女の言葉として受けとっていいでしょう。映画の公開は二〇一二年、マドンナ五十四歳。

ウォリスは元イギリス国王エドワード八世の妻。国王は人妻であったウォリス（当時はシンプソン夫人）と結婚するため退位。「王冠を賭《か》けた恋」「二十世紀最大のラヴストーリー」と呼ばれる実話をマドンナならではの視点で描き出しています。

アメリカ現代社会を生きる女性が、自分の人生とシンプソン夫人の人生を重ね合わせ、彼女の生き方、彼女が得たもの失ったものを探ってゆくという展開。

「全世界を敵に回しても逃げなかったのね？」と問われてシンプソン夫人が答えたのが「隙を見せたら負けて傷つくわ」。ラストにシンプソン夫人の手紙が披露されますが、そこには精神的に幼い夫エドワードに対する幻滅、でも、自分が選んだ人生を生きるしかないから意地でもここで生きる、といった決意があります。

たいていの人は、シンプソン夫人という女性の魔力、英国王にそこまで愛された幸運な女性、として彼女を見るけれど、マドンナは違って、「でも彼女だって失ったものは大きかったはず」という視点で見ているところが秀逸。深い洞察力を見ます。

私は自分を
繰り返すことだけは
絶対にしたくない。

Imitation

「自己模倣」への嫌悪

二〇一五年、五十七歳、『レベル・ハート』をリリース。それに合わせたツアーは莫大な収益をあげ、自身のもつソロ・アーティスト・ツアーの最高収益記録を更新。そのパフォーマンスはもちろん衣装も話題を呼びました。アレキサンダー・ワン、ミュウミュウ、プラダなど、いまをときめくブランドが名を連ねたからです。

「新しいものを見せたり驚かすことができないのなら、ライブをやる意味なんてない」、これはマドンナの変わらないプロフェッショナルとしての信条です。

アーティストが名声を得たのち、以前の自分の作品に似たものを手がけ始めることを自己模倣と言いますが、マドンナはこれを嫌います。

「無理に変わろうとは思わないけど、私は変化し続けているの。多くのアーティストが同じような作品を繰り返し創っているのはそのほうが安心だから。でも私は違う」

「レベル・ハート」とは「反抗精神」という意味。顔じゅうが紐《ひも》で縛られているジャケット写真が話題になりました。「アーティストが口をふさがれて自由に発言できないこと、それに対する反抗を表現しているの。自由のため、世界を変えるために闘わなくてはだめよ。行動を起こさないと。私はそれを伝えたいの」。

自分が
やりたくなくなった
ときにやめる。
殺されないかぎり
自由にやるわ。
問題ある？

Why

「なぜ続けるの?」と聞かれたら

二〇一七年一月、五十九歳のとき『ハーパーズ・バザー』誌で引退について質問を受けたときの答えです。

「スピルバーグになぜまだ映画を撮るのか聞く人がいる? 名声も富も手に入れたのに、なぜ? って。ピカソに、もう八十歳だろ、充分絵は描いただろ、なぜまだ描く? なんて聞く人いる? いないでしょ。そんな質問うんざり。理解できない」。そして、殺されないかぎり自由にやるわ、と言ったのです。

けれど続けているだけでは意味がないのは重々承知しているから当然、激しいプレッシャーとの闘いになります。「ライブのたびに少しずつ死に近づくのを感じる。でも死ぬ気でやらなければ意味がないのよ」「突然、みんなの期待に応えることなんて無理、って酸欠状態、パニックになることもある。そんなときは、客席に背を向けて深呼吸して、大丈夫大丈夫、って自分に言い聞かせるの」。

パワフルなステージからは想像もできないような脆《もろ》さを抱えながらも、彼女は前進し続けます。

「何かを知りたい、成長したいという強い欲求がなくなったときが、この仕事をやめるときね」

CHAPTER Ⅳ

Love

恋愛……ロマンス

人生にパートナーは
必要よ。

ロマンスと仕事は別。
つまり、私は仕事では
完全に自分を
コントロールできるけど、
ロマンス、恋愛となると別なの。

Lyrics

すべての歌詞は「体験」から

マドンナの恋愛に対するいじらしく不器用な部分がこの言葉に凝縮《ぎょうしゅく》されています。

二十代のころから、そして現在にいたるまで、いつもそうでした。

彼女は、好きになってしまった男性に対して、自信たっぷりでいることができない人です。もちろん、相手との関係を自ら終わらせようとしたときは、「仕事モード」に入り、かなり強気にもなるのですが、恋愛の始まり、高揚《こうよう》期においては無理。苦しみながら悩みながら、それでも、どうしようもなく好き。そんな恋愛をしてきた人です。

そして、そんな恋愛をしているとき、多くのアーティストがそうであるように、彼女は優れた歌詞を書きます。

誰かから聞いた話や何かで読んだ「他人の体験」ではなく、すべてが自分自身の体験を通じて生まれた言葉だからこそ、そこには普遍《ふへん》性があり、多くの人の共感を誘うのでしょう。

彼が私のハートを
射止めたのは、
私のことを
怖がらなかったから。

B
oy friend

はじめてのボーイフレンド

十四歳でハイスクールに進学すると、マドンナはチアリーディング・チームに入ります。チアリーダーは頭が良くてかわいくて人気のある女子の集団で、なかでもマドンナはダンスも上手だったので目立ち、男子生徒との交際も多かったので、一部の生徒たちからは「ふしだらな女」というレッテルを貼られていました。それに対してマドンナは堂々と言い放ちました。

「私は誰とでも寝る女じゃない。恋人としか寝ないわ」

「最初に男の子とつきあったのは、十五のころ。ダンスパーティーで私、すごくワイルドに踊っていて、みんな私と踊りたいのに怖気《おじけ》づいていたのね。そんななかで彼だけが違った。彼が私のハートを射止めたのは、私のことを怖がらなかったから」

私を怖がらない男。これはマドンナの男性遍歴に共通する言葉となります。

けれど怖がらないような男性の多くはマドンナを思い通りにしたがる傾向があり、マドンナは悩み多き恋を繰り返すことになります。

ドラッグは嫌い。
私は自分を傷つけるような
ものに夢中になったりしない。

Drug

薬物には手を出さない

デビューシングル「エヴリバディ」がヒットし始めた一九八二年ころ、二十四歳。ジャン＝ミシェル・バスキアと、短い間ですが、恋人同士になります。

バスキアはいまや伝説となっている黒人のアーティスト。一九六〇年生まれ、マドンナより二歳年下。若くして才能を認められ名声を手にします。

世の中に衝撃を与える表現活動という点で、ふたりは互いに刺激を与え合いましたが、決定的に違っていた部分がありました。バスキアには自己破壊の衝動があり、麻薬に溺《おぼ》れ自堕落《じだらく》な生活をしていたけれど、マドンナにそれはなかったということです。

マドンナは薬物を最初から嫌っていました。のちにダンサーを採用する際などにもドラッグをやっていないか確認し、もしやっているようならやめることを条件にしています。

ドラッグに溺れるバスキアへの愛情は次第に薄れ、ふたりは別れます。

別れからおよそ六年後、バスキアはヘロインの過剰摂取《かじょうせっしゅ》で、わずか二十七歳で亡くなります。マドンナは彼の死をひどく悼《いた》み「自信喪失、そして若くして成功してしまった自分への罪の意識を極めた果ての、いかにも芸術的な死」と表現しました。

私が誰よりも愛しているのは
この人よ、って
世界中に知らせたかったの。

D
estiny

運命の人、ショーン・ペン

俳優のショーン・ペンとの結婚についての言葉です。

マドンナの「ライク・ア・ヴァージン」のビデオを観て興味をもったショーンがスタジオを訪れたのがふたりの出逢い。当時ショーンはすでに有望な俳優として知られていました。マドンナより二歳年下。逢った瞬間「私は将来この人と結婚する」と思った運命的な出逢いでした。

「ある朝、ベッドでぴょんぴょん跳びはねていたの、毎朝欠かさずやっていることなんだけど、そしたら突然、ショーンの目に真剣な色が走って、その瞬間、私、彼が何を考えているのかわかったの。だから私言ったわ。あなたが何を考えているにしても、答えはイエスよ、って。すぐにプロポーズされたわ」

一九八五年八月十六日、マドンナ二十七歳の誕生日、ショーン・ペンと結婚。慣れ親しんだニューヨークからショーンと西海岸に移り住みます。

ショーンもマドンナに夢中でした。

「いつも一緒にいたいと思う女性に出逢った。彼女はとても僕を気遣ってくれる。何も言わなくても僕が何をしているか、ちゃんとわかっているんだ」

反抗的で無責任で
社会の規律なんて知るか、
って男に私は昔から弱いの。
どこかダメな男が好きなのね。

Violence

暴力的な男

典型的な「ハリウッド・カップル」をマスコミが追い回し、気の短いショーン・ペンはカメラマンを殴ったり、銃を向けたり、と過激な方法で対処します。それがスキャンダルとなり、マスコミはますますショーンを煽《あお》り、ショーンがキレる、という悪循環。ふたりは「世紀のお騒がせカップル」と呼ばれ、報道は過熱する一方でした。

マドンナはショーンのマスコミに対する暴力に心を痛めますが、外に向けてはショーンを弁護しています。

「彼はプライバシーを守るために戦っているの。そのやり方はよくないかもしれないけど、彼は私を守ろうとしているのよ」

「どんな理由であれ暴力がいいと思ったことはない。でも彼が怒るのも理解できるし、私だってマスコミの連中を殴ってやりたいと思ったことが何度もある。でも私は別のやり方で怒りを表現するの。歌やパフォーマンスでね」

結婚と離婚から
たくさん学んだわ。
人を愛するのに
「これで充分」なんてことは
ないんだと思う。

Divorce

「離婚アルバム」

愛しても一緒に生活できない男、それがマドンナにとってのショーン・ペンでした。ショーンはマドンナに、静かな生活をしてほしい、子どもをつくり身を落ち着けてほしいと望んでいました。けれど、表現したいことがあふれ出るアーティスト、マドンナにとってそれは、彼をどんなに愛していても不可能な話でした。妻が自分の思い通りにならない苛立ち、そして妻の浮気癖。ショーンは飲酒に走り、ときにはマドンナへの暴力もありました。

マドンナはそれでもなんとか結婚生活を維持したいと思っていました。

「努力しているの。諦めるのは簡単だって人は言うけど、私にとっては、諦めるって、簡単なことじゃないのよ」

それでも限界がきて結局、結婚から四年後の一九八九年に離婚。マドンナ三十歳。

結婚生活の失敗はマドンナに決定的な痛手を与えました。

「何よりも感じるのは悲しさ。私はとことん自分自身と向き合った」。その結果完成したアルバムが『ライク・ア・プレイヤー』。

「大衆受けを狙ったりしないで自分が感じたままを、自分の内面を表現したの」。制作中いつも泣いていたのでスタッフの間では「離婚アルバム」と呼ばれていました。

いまでも愛している。
そうね、離婚した
いまのほうが
大好きよ。

F
riendship

離婚しても「好き」

離婚から二年後に公開されたドキュメンタリー映画『イン・ベッド・ウィズ・マドンナ』のなかで「いままでで一番愛したのはショーン」と静かに答えています。

離婚後、ふたりはそれぞれ再婚と離婚を経験しています。マドンナは映画監督のガイ・リッチーと、ショーンは女優のロビン・ライトと。

それでもマドンナとショーンは特別な友情で結ばれていて、マドンナのライブにショーンが訪れたり、ショーンのチャリティ活動をマドンナが支援したりと関係は続いています。五十代の半ばには「彼のような存在はいまだにいないわ」とインタビューで語り、五十八歳のとき、あるイベントで共演した際には、歌う前にショーンを見つめて言いました。

「いまでも愛してる。そうね、離婚したいまのほうが大好きよ」

ショーンも二〇一八年にテレビのトーク番組に出演した際、「最初の妻をとても愛している」とマドンナへの愛があることを告白しています。

別れてからも、友情という名の愛であれ何であれ、同じような感覚でお互いへの愛情をもち続けるカップルは存在します。このふたりもそんな特異な関係なのでしょう。

彼のような存在は
いまだにいないわ。

幼い男の子と
つきあっている
みたいな感覚に
飽きちゃったの。

Childish

稚拙《ちせつ》な男

ショーン・ペンとの別居中、二十九歳のころに、一時期、三か月という短い期間ではあったけれど、ジョン・F・ケネディ・ジュニアと恋愛関係にありました。マドンナより二歳年下。一九六三年に暗殺された大統領ジョン・F・ケネディの息子です。

マドンナの憧れであるマリリン・モンローがケネディ大統領と深い関係にあったことは有名な話。マドンナにとって、そんな意味でもケネディ・ジュニアとの関係は刺激的だったのでしょう。

けれど、彼の母親ジャクリーン・ケネディ・オナシスにとっては不愉快でした。ジャクリーンはマドンナのようなタイプの女性が嫌いだったし、マリリン・モンローと夫ケネディの関係を思い出させたからかもしれません。

マドンナは知人にもらしています。「彼の母親は私のことをひどく嫌っているの」。

けれど三か月で恋が冷めたのはジャクリーンの存在だけではなく、マドンナにとってジュニアはあまりにも「男」として稚拙だったからのようです。

政治家としての将来を期待されていたケネディ・ジュニアですが、飛行機事故で三十八歳という若さで亡くなっています。

ほんとにロマンティックな
気分のときは、
私たち何もかもぴったり、
って思うの。

G
entleman

紳士との恋

三十歳のとき、映画『ディック・トレイシー』で共演したウォーレン・ベイティと恋におちます。ベイティはマドンナより二十一歳上の当時五十一歳。俳優としてだけでなくプロデューサーとしても数々の名作を創る才能ある男性で、女性遍歴も華やか、カトリーヌ・ドヌーヴ、フェイ・ダナウェイなどのスターたちと浮名を流していました。マドンナにとって、相手に不足はない、といったところでしょうか。

マドンナはショーン・ペンとの離婚届けを提出したのち、ベイティとの交際を公にしました。

ベイティはショーンとは正反対の男性でした。落ち着いていて気配りのできる紳士。撮影の間、毎日花が届けられ、マドンナはベイティに演技についての細かな指示を求め、ベイティもそれに応じ、撮影中ふたりはほんとうに親密でした。

自分のロマンスついてはコメントしないベイティがめずらしく、マドンナについてこう言っています。「彼女とのことは偶然ではなかった」。必然的な出逢い。運命的な出逢いだったということなのでしょう。マドンナにしてもショーンとの修羅場《しゅらば》、苦悩に満ちた別れのあとだったので、ベイティとの生活は穏やかな楽園のようでした。

そしてずっと幸せに暮らしました、
なんていう話や、
ひとりの人と長い間ハッピーで
いるなんてことが
本当にあるとは思えない。
私はどんどん変化してゆくし、
私が必要とするものも変わるのだから。

A
lone

「ひとり」では満たされないという孤独

三十四歳。ウォーレン・ベイティとの関係も三年目を迎えたころ、写真集『SEX』を発売、世間から大バッシングを受け、マドンナはひどく落ちこみます。

ほぼ同じころ、ベイティとの関係も冷えていきます。マドンナの刺激過多な生き方にベイティがついていけなかったようです。

「彼によく言われたわ。きみがいつも動きまわっているのは憂鬱《ゆううつ》な気分になりたくないからだと。彼ったら、ときには動きまわらずに憂鬱な気分に浸ってみるべきだなんて言うの。思わず言い返したわ。じっとしてるってことを考えただけで、おかしくなりそうよ！」

ドキュメンタリー映画『イン・ベッド・ウィズ・マドンナ』ではベイティの、マドンナに対する冷淡な姿が映し出されています。

マドンナはベイティと完全に別れないまま、モデル、ボディガード、ダンサー、ナイトクラブのオーナーなど、次々とアバンチュールを重ねますが、孤独や不安は消えず、友人たちはマドンナが「ひとりの相手では満足できないこと」、そして「ひとりきりでいることに耐えられないこと」を心配していました。

信頼していた人に、
また裏切られたの。
いつだってそうなのよ。

Betrayal

愛した人の「裏切り」

この言葉は恋愛にかぎらず、マドンナの人生に頻繁《ひんぱん》に登場します。三十六歳のとき、バスケットボール界のスーパースター、デニス・ロッドマンとマドンナのロマンスがマスコミを賑わせました。

マドンナより三歳年下。二〇三センチという長身、派手な女装をすることでも有名で、人に注目されることが大好きなタイプ。ふたりは肉体的に惹かれ合って、そしてこのロマンスは短期間で終わりました。マドンナにとっては楽しいアバンチュールの相手だったのでしょう。

ところが、二年後にロッドマンが自伝を出版。そのなかでマドンナとの関係がゴシップ風に書かれていたため、マドンナは怒り、自分について書かれた章について「お粗末なポルノ作家でさえ見向きもしないような、嘘ばっかりの会話のオンパレード」とコメント。いちいち相手にしないといった様子でしたが、内心は違って、ひどく傷ついていました。のちに言っています。

「自分が信頼して受け入れた人に、またしても食いものにされた気分だったわ」

それでも、なかば諦めながらも彼女はロマンスを追い求め続けます。

男とまともな関係を築けない、
感情のかけらもない
冷酷で計算高い女。
みんなが私に
期待しているイメージよ。

Choice

「未婚の母」という選択

この言葉は、マドンナが結婚しないまま出産したことに対して、相手の男は単なる精子提供者だった、とマスコミから叩《たた》かれたときのものです。

マドンナ三十六歳、カルロス・レオンと出逢います。八歳年下で駆け出しの俳優。派手なことが嫌いで、マドンナの華やかな交友関係とは距離を置いていました。

このころマドンナは子どもが欲しいシーズンにいたので、レオンに子どもの父親、という役割も意識していたでしょう。妊娠を知ったのは映画『エビータ』撮影中。三十八歳で待望の子どもを出産。けれどレオンとは妊娠七か月のときに円満に別れています。

未婚で出産したマドンナの選択をマスコミは「身勝手」だと批判しました。けっして珍しいことではないのに、マドンナがそれをするとスキャンダルになる。いつもの反応です。慣れているとはいえ、たいせつな子どものことです。マドンナが憤慨《ふんがい》するのも無理はないでしょう。レオンからは娘の単独監護権を与えられましたが、マドンナは父と娘がよい親子関係を築けるように配慮しました。彼はその後地道に俳優活動を続け、現在も娘、そしてマドンナとも良好な関係にあります。

彼によって私は、
自分のなかに、
いままでとは違う、
なにか精神的な安らぎが
あるのを感じたの。

「スピリチュアル」との出合い

Spiritual

三十八歳。娘を産んでまもなく出逢ったアンディ・バードについての言葉です。彼は脚本家志望でマドンナより十二歳年下、長身長髪のイギリス人。アルコールとも薬物とも無縁、マドンナにスピリチュアルな世界を探求するきっかけを与えた人です。

仕事がなく時間がある彼は、マドンナの娘の遊び相手となり、使用人たちを監督し、主夫のような役割を果たしました。マドンナはロンドンのチェルシーに家を借りて一緒に暮らし、アメリカとイギリスを行き来する生活が始まります。マドンナは彼の影響で、ゆったりとした服を好み、ヨガのクラスに通い、そして女友達に誘われて訪れたビバリーヒルズのカバラセンターで、人生を変えるカバラに出合うのです。

古代ユダヤ教の伝統に基づいた神秘主義思想カバラは、マドンナの人生に多大な影響を与えますが、この時点で興味をもつ準備が整っていたことが重要でした。

望む通りのキャリアを築けずに、いつまでも養われている状態のアンディ・バードとは一年ほどで別れることになります。けれど男女の関係は何年つきあったかではなく、何を与えたかが重要、という意味において、彼の存在意義は大きかったように思います。

ソウルメイトを
見つけるまでに、
四十年かかったのね。

S
oulmate

ソウルメイトとの出逢い

『レイ・オブ・ライト』がリリースされた数か月後、マドンナ四十歳の夏。ガイ・リッチーと出逢います。

ガイはマドンナより十歳年下。イギリスの由緒ある家柄の出で、一九九八年に監督した、長編映画『ロック、ストック&トゥー・スモーキング・バレルズ』が大ヒットし、映画監督としての将来を期待されていました。

ランチの席で隣に座ったガイにマドンナは、ほとんどひと目惚れでした。

「ほら、よく、思わず彼のことふりかえった、なんて言うでしょ? 私、ふりかえったどころじゃないの、勢いがつきすぎて、頭がくるくる回っちゃった感じなの! もうコントロールがきかない状態よ! 魅力的な人に出会うことが多い仕事だけど、その場で足がぴたりと止まるほどの人は、なかなかいない。はじめて彼に逢ったとき、自分と同じくらい意志の強い人間がいる、ってことに驚いたわ」

「ソウルメイト」という言葉を使うほどの出逢いでした。「私は人生の大半をひとりぼっちで過ごしてきた。私のことをうまく扱えて、しかも私の手に負える男なんて、いないんじゃないか、って思ってきたわ。諦めかけたとき、彼を見つけたの」

夫婦関係や恋人関係を
長く続けていくための秘訣《ひけつ》は
自分から謝ること。

Apology

抑えきれない「仕事への情熱」

二〇〇〇年十二月二十二日、マドンナ四十二歳。ガイ・リッチーと結婚します。スコットランドの古城でマスコミをシャットアウトした厳かな結婚式でした。四か月前の八月十一日には、ガイとの間に、マドンナにとっては二人目となる長男、ロッコ・リッチーが誕生。家族四人でのイギリス上流階級の暮らし。マドンナの人生に新しい風が吹き始めます。

けれど、仕事への情熱を抑えることはできません。「彼はとても強引な性格。私と意見が対立しても一歩も引いたりはしない。彼のそんなところがすごいと思うの」と言っていたマドンナですが、ガイのそんな性質がしだいにマイナスに作用するようになります。妻のサポート役に甘んじることを嫌がり、あくまで対等であろうという意識は、愛情表現さえ奪ってしまい、マドンナは頻繁《ひんぱん》に寂しさを抱くようになります。たとえば彼はまったく彼女の容姿について褒めないので、ふだんは年齢差など問題にしないマドンナが十歳の年の差を気にするほどでした。

それでもなんとか結婚生活を維持させようと努力します。

「すばらしい結婚生活は簡単に手に入らない。でも簡単に手に入ったら、人間、成長もしないわね。結婚したら、自ら進んで相手と妥協しなければならないのよ」

自分のありのままを
快く認めてくれるパートナーを
見つけないとだめよ。
私は自分が牢獄《ろうごく》に
閉じこめられている気がしてた。
自分らしくふるまうことを
許されなかったから。

Farewell

二度目の別れ

結婚から二年後にマドンナ主役、ガイが監督の映画『スウェプト・アウェイ』が公開されましたが、ありえないほどの酷評《こくひょう》を浴びます。

この映画のDVDには、マドンナが監督ガイにインタビューするという特典映像があって、彼女がいかに夫からの称賛と愛情を欲しがっているのかが伝わってきて痛々しいほどです。マドンナは好きな相手にはこんなに不器用なのだ、といじらしくなり、同時に、そんな彼女の気持ちをあえて無視している様子のガイに対して苛立ちさえ覚えるほどです。年月が経つにつれふたりの関係はうまくいかなくなり、マドンナは思い悩みながらも仕事と育児で手一杯という状況。それでもなんとか結婚生活を立て直そうとふたりでセラピーを受けたりもしますが、問題は解決せず、二〇〇八年十月に離婚を発表。マドンナ五十歳。七年半の結婚生活でした。

「よくこう思ったわ。私はアーティストとして自分を自由に表現したい、でもきっと夫が不愉快に思うだろうって。結婚は悪いものではないわ。でもアーティストなら、自分のありのままを快く認めてくれるパートナーを見つけないとだめよ」

外見はタフにふるまっていたけれど、離婚に深く傷ついていました。

「結婚したときにはわからなかった。完璧なソウルメイトなんてこの世にいないのよ」

年齢で誰かを批判するのは、
人種差別や同性愛者への
差別と同じように
禁止されるべきよ。

L
over

年齢差のある恋人たち

五十歳で離婚して六十歳の現在まで、マドンナは決定的な男性には出逢っていないようです。

離婚してまもなく恋人となったのがブラジル出身のモデル、ジーザス・ルス。当時二十一歳。マドンナより二十九歳年下でした。彼はマドンナを心から敬愛し、マドンナも彼に支えられていましたが、およそ二年で別れます。続いてフランス人のダンサー、ブラヒム・ザイバットと出逢います。マドンナ五十二歳。彼は二十九歳年下の二十三歳。およそ三年で別れます。五十五歳のときオランダ人のダンサー、ティモール・ステファンズと恋におちます。彼も若くてマドンナより二十九歳下の二十六歳。八か月で別れています。五十八歳のときには二十五歳のモデル、アブバカル・スマホロを恋人にしてマスコミを騒がせました。

「私はパワフルでクレイジーなシングルマザー。柔軟でパワフルな人じゃないとだめ。年を重ねるとみんな保守的になるから、結局若い男の子、ってなるのよ」

そして、年齢差であれこれ言われるのは「差別」であり「禁止」されるべき、と主張しているのです。

人生にパートナーは必要よ。

「あなたはどう思う?」

「子どもたちのことは愛しているけれど、人生にパートナーは必要よ」

富も名声も手にしたマドンナも、恋愛や結婚では激しく傷つき、失望する経験を数多くしてきました。ガイ・リッチーとの離婚後、どんな人を望むかという質問に対して次のように語っています。

「私の内面を共有できる人。それがとても大事。そして私が選んだ相手を子どもたちがリスペクトできることも重要ね」

離婚後十年間、かなり年の離れている男性たちに愛を注ぎ、「彼らを愛すること、愛されることが、エネルギーの源」という発言もしています。

恋人が年若い男性ばかりということに対して「年齢相応の相手とつきあえばいいのに」という意見も少なくはありません。マドンナにしてみれば大きなお世話といったところでしょうし、じっさい、彼女のエネルギーに拮抗《きっこう》する同年齢の男性、しかもフリーといった条件で、どれほどの人がいるのかと考えれば難しいでしょう。

四十代を迎えたころからマドンナはすでにこう言っていました。

「年配の男がすごく若い女の子を恋人にしても何も言われないのに、その逆だと宇宙一淫乱《いんらん》な女みたいに言われてしまう。そんなの間違っているわ。あなたはどう思う?」

CHAPTER V

Fight

闘い

生き残るために
人生のある時期、
真剣に闘う必要があるの。

can not（できない）
would not（やるわけがない）
must not（してはいけない）
と私に言い続けてきた人、
あなたたちが私を強くし、努力をさせ、
闘志みなぎる人間にしてくれたの。
だから、ありがとう。

F eminist

フェミニストであること

これは、歴史に残るであろうスピーチのラストの言葉です。

二〇一六年十二月九日、ビルボード誌の「ウーマン・オブ・ザ・イヤー」を受賞。グッチのダイナミックなデザインのパンツスーツ姿で受賞スピーチをしたマドンナは五十八歳。その力強く発せられる言葉、彼女を見るすべての人を射ぬくかのような眼差《まなざ》し、両足を開いてしっかりと立ち、原稿を見ないまま、ときに涙ぐみながら、自分の言葉で自分の信念を語るその「存在」は、まさにマドンナの「生き方」そのものでした。

マドンナは生い立ち、さまざまなエピソードを語りましたが、次の言葉には多くの想いがこめられています。

「あからさまな性差別、女性蔑視《べっし》、容赦《ようしゃ》なく続く嫌がらせのなかで三十四年間、仕事を続けてきた私の能力を認めてくれて、ありがとう」

マドンナが誇りをもったひとりのアーティストとして、真のフェミニストとして、いかに真摯《しんし》に生きてきたのか、多くの人がようやく彼女を理解した貴重な瞬間でした。セクシャルハラスメントを告発する「#MeToo運動」が始まる前年のことでした。

マドンナという
名前なんだから、
名前の通りマドンナに
なるのがベストでしょ。

F
reedom

「性の自由」というテーマ

「マドンナ、この名前をみんな芸名だと思ったの。本名よ。でも最初は芸名だと思わせておいた。だってそのほうが魅力的でしょ」

聖書では聖母マリア（マドンナ）は処女（ヴァージン）でヨゼフの子を身ごもり、イエスを産んだとされています。その名をもつアーティスト、マドンナが大ブレイクした曲が「ライク・ア・ヴァージン」。甘い恋心を歌ったものですが、きわどい性的なパフォーマンスがスキャンダルとなりました。

マドンナはデビュー当時から「性の自由」を表現していたのです。現在に至るまで、そのテーマは一貫しています。

スキャンダラスな表現が多いため、見落としがちですが、マドンナは信仰というものに、いつも真正面から向き合っています。両親とも敬虔《けいけん》なカトリック信者で、とくに母親は「狂信的」でさえあり、マドンナの歌やパフォーマンスにはこの影響が強く見られます。

三十代の終わりにカバラ信仰に出合ってからは、神を信じていることに変わりはないものの、両親の影響から抜け出し、宇宙的な規模で自分なりの信仰への考えを深めています。

私はバッド・フェミニスト。

Enemy

マドンナは女性の味方か敵か？

これは「ウーマン・オブ・ザ・イヤー」の受賞スピーチでも出てくる言葉です。「著名なフェミニスト作家のカミール・パーリアは、私が自分を性的な対象として表現することによって、女性の立場を後退させている、と言いました。フェミニストがセクシュアリティを否定するのなら、私は違う種類のフェミニスト。バッド（悪い）フェミニストです」。

　マドンナは女性の味方か敵か。デビュー以来、マドンナが挑発的な作品を発表するたびに女性たちを騒がせてきた問題です。かつてマドンナはこう言っています。

「私は男性支配的な世界と闘ってきたけれど、女性支配に変えようと思ったことはない。自分が自由に生きるために闘ってきたの。男性を敵だと思ったことはない。私が自由に生きるのをおさえつけようとする人たちこそ、敵なのよ」

　スピーチで名前を挙げられたパーリアは、デビュー当時からマドンナに注目。初期のころは「官能的で野心的で攻撃的でユーモラス、女性はこれらすべてを矛盾なくもてるということを示している」と大絶賛。受賞スピーチについては「自分を犠牲者のように語ったことに失望」とコメント。「バッド・フェミニスト」マドンナの言動はフェミニストたちをいつでも刺激するようです。

私は世界を征服する。

Ambition

ポケットに「三十五ドル」だけで

二十五歳、テレビの人気番組に出演したときの言葉です。「イエスより偉大になる」とも言いました。

一九八四年一月、デビューアルバムは好調でしたが、ほかのアーティストたちを超え、スーパースターになるには、セカンドアルバムをどうしても成功させなければならない。プレッシャーのなかにいたころの言葉ですが、この決意はもっと前、単身ニューヨークに出てきたときからありました。

「ためらうことなくニューヨークにのりこんだけど、ほんとうに孤独だった。何もかもがはじめての経験で、ポケットには三十五ドル（当時のレートで約一万二千円）しかなくて。大胆な行動だったとわれながら思う。目標はこの街を征服することだった。絶対に成功してみせるって思ってた。だってもうほかに行くところがないんだから」

飢えてごみ箱を漁《あさ》ったこともあるといいます。安くておなかにたまるからポップコーンばかりを食べていたとも。

思うようにいかない時代、深呼吸して、歯をかみしめ、「私は世界を征服する」、この言葉を自分に言い聞かせていたのです。

生き残るために、
人生のある時期、
真剣に闘う必要があった
人たちに
共感を覚えるの。

Habit

口癖は「有名になりたい」

デビューしたてのころマドンナは言いました。
「何かの象徴になりたいの。マリリン・モンローみたいに。そういう形で世界を征服したいの。でも彼女と私を比べることに意味はないわ。マリリンは犠牲者だけど私は違うから」

初期のころ、「マテリアル・ガール」のミュージック・ビデオでマリリンへのオマージュを捧げてから、その類似をいつまでも言われて苛《いら》つくこともありましたが、マリリンの生き方に共鳴していたことはたしかです。

「お金や社会的地位がない家庭で育って、正式な教育を受けていなくても、生き残るために人生のある時期、真剣に闘う必要があった人たちに共感を覚えるの。その経験が人格に新しい個性を与え、独自のスタイルを創り出すのだと思う。独自のスタイルを創り出すことって究極のチャレンジだと思うのよ」

マリリンはまさにそういう人でした。また、「何かの象徴になりたい」という想いは次の言葉ともつながります。「有名になりたい、が口癖だった。お金持ちになりたい、と言ったことは一度もないわ」。この感覚は成功してからも続いています。

自分自身を
表現するの。
そうしたら自分を
尊敬できるわ。

Instagram

インスタグラムという場

女性を勇気づける数多くの歌のひとつに「エクスプレス・ユアセルフ（自分自身を表現するのよ）」があります。「自尊心をもちなさい。自分の知性と心を愛してくれる男を見つけるの」、そんなメッセージに満ちた歌です。

四十代前半のころのインタビューでも言っています。

「私を嫌う人はいつだっている。でもそれを心配して立ち止まっているわけにはいかないでしょう？　私は自分が欲しいものや表現したいことがわかっているの。そのために嫌な女だと言われても、かまわない」

現在は表現活動のひとつの場としてインスタグラムを楽しんでいます。

「インスタグラムが好き。日記をつけているみたいに自分の性格や生活のこと、インスパイアされるもの、怒り、そのために闘いたいという意志、いろんなことをシェアできる。ミステリアスで皮肉屋で挑戦的で自尊心がある、いろんな私も見せられる。私が重要だと思う人たちや問題に、みんなを注目させるためのプラットフォームとしても使っているの。インスタグラムは私の人生のキュレーターね」

私は世界の
権威者すべてを
相手にしているの。

Courage

差別やタブーを直視する勇気

マドンナの作品には社会に強烈な衝撃を与えるものが多く、そのため問題視されたものもあります。そのひとつが「ライク・ア・プレイヤー」のミュージック・ビデオ。

三十一歳のときに発表。マドンナが黒人のキリストにキスをしたり、燃え盛る十字架の前でダンスをしたり、祭壇《さいだん》の前での性的な行為、人種差別による殺人のシーンがあったため、「神への冒瀆《ぼうとく》」と各地の宗教団体から抗議の声があがりました。

当時マドンナはペプシ・コーラのコマーシャルに出演していたためペプシの不買運動にまで発展、ペプシは放映を中止にしたほどです。このときマドンナは言いました。

「私は世界の権威者すべてを相手にしているの」

人種差別に対する問題、あらゆるタブーに対する考えを表現したのであって「神への冒瀆」なんて意図はまったくありませんでした。

「あのビデオでは多くのタブーを扱っているから拒絶反応する人がいたの。それはわかる。でも私は、自分がおかしいと思うことを表現したの。それに私だって、私なりに神に対する信仰心があるのよ」

私は人に無視されるよりも、
気がかりな存在でいたいの。

Sex

「挑発」と「表現」の写真集

三十三歳、写真集『SEX』が大バッシングされたときの言葉です。

マドンナは論争を引き起こし、人々、とくに女性を覚醒《かくせい》させることが自分の使命であると強く思っていました。

「性を抑圧したりするから、不品行なことをする人が現れるのよ」

「この写真集で私は前例を作って、女性たちに表現する自由を与えたの。パイオニアになった自分を誇りに思うわ」

「娘には、この写真集はアーティストの人生における皮肉や挑発の重要性を芸術的に強調した作品だと説明するつもりよ」

すべては計算して行っていること。

「一部の女性たちから強烈に嫌われていることはわかってる。男と同等の権利を主張する彼女たちはセクシーさを前面に出している私が我慢ならないの。セクシーな服や下着を身に着けるのは、セクシーでも知的になれるし力強くなれる、ってみんなに実感してほしかったから。私のようにね。ああいう服装をすることは、ある意味必要なことだったの」

自分の作品を
恥ずかしいと
思ったことは
一度もないわ。

F ear

人が差別するのは「恐怖」から

歌、ミュージック・ビデオ、ライブ、写真集など、作品を発表するたびにマドンナは、ほかのアーティストとは違った扱いを受けてきました。賛辞《さんじ》と同時に、不当ともいえる非難にさらされてきたのです。

「アンチ・マドンナがいるのは当然だと思う。でも彼らが私を否定することにエネルギーを費やしていることが嫌になるの。ほかにすることがあると思うのよ」

次の言葉は真理をついていて、みごとです。

「どの作品でも、自分のしたことを恥ずかしいと思ったことは一度もない。自分の本質、肉体感覚、欲望、性的な空想を恥じてはいない。人が性差別や人種差別をしたり同性愛者を攻撃するのは、恐れを抱いているからよ。人は自分の感情が波立つこと、未知のものに対して恐怖を抱くものでしょう？　だから私はみんなに言いたいの。怖がらないで、って」

同性愛に関しては、じっさい女性と関係をもつこともありました。

「その人を愛したなら、その人が男でも女でも、違いはないのよ」

画家のフリーダ・カーロをはじめ、マドンナが好きな女性アーティストの多くはバイセクシャルでした。

私はいつだって
世の中に問いを発したい。
人生にはどんな意味があるのか、
私はなんのために存在するのか、
真実を探求したいの。

A ccusation

戦争反対という「告発」

九枚目のアルバムとなる『アメリカン・ライフ』がリリースされたのは、二〇〇三年の四月。二〇〇一年九月十一日のアメリカ同時多発テロを受けてのイラク戦争が始まったのと同時期でした。

タイトル曲である「アメリカン・ライフ」のミュージック・ビデオが問題視され、マドンナはまたバッシングを受けます。ビデオには、爆弾、負傷兵、傷ついたイラクの子どもたち、アーミールックのファッション・ショーが映し出されていたので、誤解を招くのも無理はありませんでした。けれどマドンナの意図は戦争反対の「告発」にありました。

それでも時期が悪すぎました。「撮影が終わるころにイラク戦争が始まったの。私が描きたかったことや世間に警告したかったことの多くが、すでに起こり始めていたのよ。現実に兵士たちが殺されたり怪我をしたり、いろいろなところで破壊が進んでいるなかで、あのビデオを放送したら誤解されるだろう、って認めたの」。

ビデオのリリースは中止。中止したら今度はあまりにも弱腰だと戦争反対派の人たちから批判されました。

時期を経てからはライブで、当時は流せなかった映像をバックに歌っています。

人々を
目覚めさせるのが
私の仕事。

Hope

政治への希望

マドンナ四十八歳。ライブ映像、私生活の様子をおさめたドキュメンタリー映画『アイム・ゴーイング・トゥ・テル・ユー・ア・シークレット』が発表されました。このなかのワンシーン。ステージからマドンナが言います。「マイケル・ムーアに感謝するわ。危険を恐れずに体制に反抗して希望をくれた。あなたのような人が必要よ」。

マイケル・ムーアは真実を追求する映画監督。二〇〇四年発表のドキュメンタリー映画『華氏911』でアメリカ同時多発テロ事件に対するブッシュ政権の対応を問題視し、カンヌ映画祭で最高賞のパルム・ドールを受賞しています。コンサート会場にいた彼は「僕のために自分を危険にさらすなんて」と感激。「彼女の言葉、歌、ビデオに感動して、みんな泣いていたよ。手をつなぐイスラエルとパレスチナの子どもとか。誰もがあの世界に生きたいと思った。みんな現状にうんざりしてるんだ」。

ドキュメンタリーには若いダンサーたちに投票に行くよう説くシーンもあります。「自分が何を、誰を支持するのか、自分と社会に対して責任をもってほしい。投票以外にも私たちがやるべきことは気が遠くなるほどたくさんあるわ。人を目覚めさせるのが私の仕事なの」

世界を変えるのは
人の心。
私の使命はそれを
みんなに伝えること。

Mission

カバラの教え

三十代の終わり、はじめての出産後まもなくカバラに出合います。それまでにもヨガを習い、ヒンズー教の聖典やあらゆる哲学書を読んでいたので受け入れる素地はありました。

カバラは古代ユダヤ教の哲学から派生した思想。宇宙のしくみについて説き、内省と瞑想で意識を高めて、自分自身と世界を変えるためにエゴを捨てることを説きます。物質世界、俗世界に浸りきっていて、違和を感じ始めていたマドンナにとって、運命の出合いとも呼べるものでした。多くのセレブリティたちも信奉しています。

カバラの教えに影響を受けていることについてマドンナは語っています。

「私を愚かだと思う人もいる。カルトに入ったとか、変になったとか言われても平気。カルトって意見や議論を許さないでしょ。カバラは違うの」

「カバラでは完璧な博愛は存在するという。世界を変えるのは人の心。私の使命はそれをみんなに伝えること」

重要なのは、カバラの教えでマドンナはより内省的になり、真実への追求を強め、世界のために何ができるか、といったことを考え始めたことでしょう。

「みんながそうだから
私も無理」っていう、
「みんな」って、
いったい何なの?

C harity

ある女性からの一本の電話

マドンナ四十七歳。ロンドンで「ライブ8（AID《エイド》）」のコンサートに参加します。G8サミットに合わせて企画されたもので、アフリカの飢饉《ききん》への関心を高めることを目的としていました。会場には二十万人もの人が集まり、サミットの首脳たちはアフリカへの援助額を倍増させるなど、その効果は絶大でした。そしてマドンナ自身、強い啓示を受けたのです。

翌二〇〇六年、慈善団体「レイジング・マラウイ」を設立。目的は世界最貧国のひとつ、マラウイの孤児支援。マラウイ出身の女性からの電話がきっかけでした。女性は蔓延するエイズ、孤児の厳しい現状をうったえ、「あなたには影響力がある。マラウイを救う手段がある」と言い、マドンナはこの一本の電話に反応したのです。

二〇〇八年には、百万ドルをかけてマラウイの現状を描いたドキュメンタリー映画を制作。同年、ニューヨーク国連本部でチャリティ・イベントをグッチと共催しました。そのときのスピーチの一部。

「ある日、目が覚めて自問しました。私、ベストだと思うことをしている？　していないにしても、世界中のほとんどの人がしていないんじゃない？　でもみんながそうだから私も無理っていう、みんな、っていったい何なの？」

重要なことは
活動を継続すること。
「継続」は、なによりも
重要なこと。

Continuation

「もつ者」の責任と使命

社会貢献を始めたことについてマドンナは言います。

「あるとき、もっているものを分け与えることは私の責任だと感じたの。人は人生のある時点で、そういうことに気づくのだと思う」

活動を継続することがなによりも重要、と言うマドンナ。二〇〇六年に「レイジング・マラウイ」を立ち上げてから十二年。マラウイをたびたび訪れ、孤児のためのケアセンター、クリニックや学校を設立しています。その活動を「世界で最高に裕福な女性のひとりが世界最貧国のひとつに向かう感動ストーリー」などと揶揄《やゆ》する人もいますが、彼女は、事実、マラウイのために身を投じているのです。

現在マラウイから四人の養子を迎えています。離れたところにいて寄付を送るという選択もあったでしょう。けれどマドンナは「養子」を選びました。自分の欲望もあるけれど、養子を迎えるたびにマラウイに注目させられるし、自分のようにマラウイから養子を迎える人たちが増えれば孤児たちが救われると考えてもいるのです。

二〇一八年八月、六十歳の誕生日の直前にはファンから募金を求めました。

「私にとって最高の誕生日プレゼントは、世界中の私のファンと美しい国マラウイで助けを必要とする子どもたちをつなげること」

もっているものを
分け与えることは、
私の責任だと感じたの。

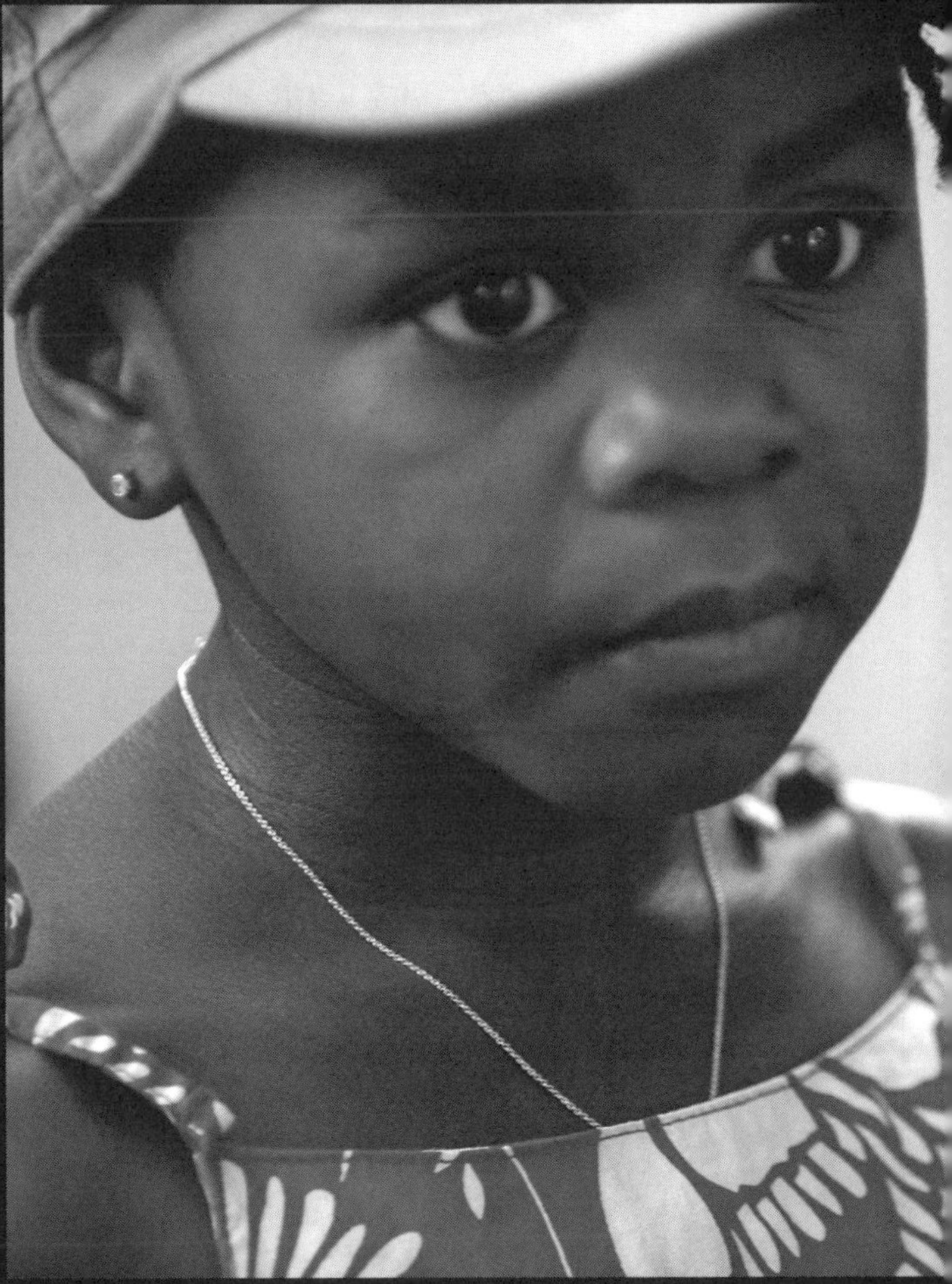

自分と違った意見をもつ人、
理解できないことを
愛するって難しい。
難しいけど、でもそうしなければ
悲惨な出来事はなくならない。
世界は変わらない。

A
nger

テロへの静かな「怒り」

二〇一五年十一月十三日パリ同時多発テロ事件が起きたとき、マドンナは「レベル・ハート・ツアー」中でした。五十七歳。翌日ストックホルムでのライブでは十二分間におよぶトークがありました。

「昨日起こった事件のことが頭から離れなくて、ライブも中止にしようかと思った。でも、私たちをそんな気持ちにさせること、人生を楽しむ自由を奪うことを望むテロリストたちの思い通りになってはいけないと思ったの。私、悪よりも善を信じてる。世界を変える唯一の方法は、どこかの国の政権交代でも大量殺人でもなく、私たちが日常レベルで人間関係を見直すこと。愛だけが世界を変えることができる。でも自分と違った意見をもつ人、理解できないことを愛するって難しい。難しいけど、でもそうしなければ悲惨な出来事はなくならない。世界は変わらない」

一分間の黙禱《もくとう》ののち、涙を拭いて「ライク・ア・プレイヤー」を歌い始めます。泣きながらなので音程はあやういけれど、平和を願うひとりの人間の、嘘偽りのない姿がそこにありました。およそひと月後、パリのレピュブリック広場でサプライズ・ライブを行い、テロの犠牲者に歌を捧げ、その夜のライブではエディット・ピアフの「ばら色の人生」をギター弾き語りのフランス語で歌い、会場を熱狂させました。

私は愛の革命を
起こしたい。

F
ight

自由と愛のための「闘い」

マドンナは年齢を重ねるごとに政治的な発言、活動も積極的に行っています。二〇一六年のアメリカ大統領選挙では民主党のヒラリー・クリントンを応援。けれど結果は共和党のトランプが大統領に。

「彼が選ばれたのには、それだけの理由があると思うの。つまり私たちがどれほど怠慢だったかを知らせるため。自由や権利を当然のことと考えていたけど違ったのよ」

二〇一七年一月二十一日、大統領就任翌日、女性の権利を主張する「ウイメンズ・マーチ」でスピーチ、これが物議をかもしました。「私はすごく怒っていて、ホワイトハウスを爆破したいくらい」という発言が暴動を煽《あお》っているとされたのです。けれどどこの発言には続きがあります。「でもそれでは何にも解決しない。絶望してる場合じゃないの。第二次世界大戦前に詩人のW・H・オーデンは書いてる。私たちは互いに愛し合わなければならない、さもなければ死ぬしかない、って。私は愛を選んだの」。

翌日のインスタグラムにコメントをアップ。「私は暴力をすすめたりしていない。ワンフレーズだけを取り出すのではなく、全文を理解してほしいわ」。まったくその通りでしょう。スピーチのはじまりは「愛の革命へようこそ」。ラストは「私は愛を選んだわ。みんなもそう？」。

人生は美しい！

B eautiful

「ライフ・イズ・ビューティフル！」

二〇一八年八月十六日、六十歳の誕生日を迎えた日のインスタグラムに、グッチの鮮やかなピンク色のドレス姿をアップし、メット・ガラでのパフォーマンス映像を公開しました。世界屈指のファッションイベント「メット・ガラ（MET GALA）」、その年のテーマは「現代の服飾文化にカトリックが及ぼした影響」。これまでカトリックの宗教団体から抗議を受け続けてきたマドンナが披露したのが新曲と、以前に「神への冒瀆」と大バッシングされた問題の曲「ライク・ア・プレイヤー」、レナード・コーエンの深い意味がこめられた祝福の歌「ハレルヤ」だったことは意義ある出来事でした。パフォーマンスは完璧な芸術作品、息をのむほどの荘厳さ、大絶賛されました。

誕生日の日の写真に添えられた言葉は「Finally and at last it's my Birthday! I have survived! Life is Beautiful! ついに、やっと、誕生日がやってきたわ！ 私、なんとか生きのびている！ 人生は美しい！」。

「人生は美しい」という、それこそ最高に美しい言葉に、さまざまな体験を得てそれでもサバイヴ、生き残っている、という喜びと、年齢を重ねてさらに人生を深く味わっているマドンナの現在があります。

私はドアマット（いつも踏みつけられる存在）として、みなさんの前に立っています。あ、女性エンターテイナーとして、って意味ね。あからさまな性差別、女性蔑視《べっし》、容赦《ようしゃ》なく続く嫌がらせのなかで三十四年間、仕事を続けてきた私の能力を認めてくれて、ありがとう。

私が暮らし始めた一九七九年のニューヨークは恐ろしいところでした。最初の年、私は銃で脅されてナイフを喉《のど》に突きつけられながらレイプされました。住んでいた部屋は何度も泥棒が入るから鍵をかけるのをやめました。数年の間に、ほとんどの友人がエイズ、ドラッグ、銃で亡くなりました。

無力感のなか、立ち直り、人生をクリエイティヴなものにするまで時間がかかりました。

マヤ・アンジェロウの詩、ジェイムズ・ボールドウィンの文章、ニーナ・シモンの音楽に癒《いや》されました。

支えてくれる女性の仲間がいればいいな、と思ったこともあります。でも、著名なフェミニスト作家のカミール・パーリアは、私が自分を性的な対象として表現することによって、女性の立場を後退させている、と言いました。

ああ、フェミニストはセクシュアリティをもってはいけないのね、セクシャリティを否定するのね。だったら、私は違う種類のフェミニスト、「バッド・フェミニスト」です。

私はもう犠牲者になんてならない、って決意して、数々のひどい経験から学びました。

——人生においては、自分を信じること以外に真の安全はないのです。

デボラ・ハリー、クリッシー・ハインド、アレサ・フランクリンたちから刺激を受けたけど、真のミューズはデヴィッド・ボウイ。彼は両性具有的なアーティストで、そこに強く共感して、私は彼を見て思ったものです。ルールなんてないんだ、って。


でも、それは違ってた。

そう、ルールはない。

ただし、男子だったらの話。女子にはルールがあった。

綺麗、キュート、セクシーは許される。でも、女子は頭が良すぎてはいけないし、意見をもってはいけない。社会の枠組みから外れるような意見なんて絶対だめ。

そして、けっして、自分の性的空想を公にしようなんてこと、してはだめ。

それから、男性が望む女性であることが大事で、もっと大事なのは、男女が集った場で、ほかの女性たちから危険視されない存在であること。

最後に、年をとってはだめ。年をとるのは罪なことで、けなされて、ラジオで曲をかけてもらえなくなる。

ショーン・ペンと結婚して、既婚者となったから、その間、私は危険人物ではなくなりました。

でも数年後、離婚してシングルになって……ごめんね、ショーン……そして、アルバム『エロティカ』と写真集『SEX』を発売しました。あのころ、あらゆる新聞と雑誌の見出しになっていたことをよく覚えています。記事はどれもこれも私をけなすものばかり。娼婦、魔女なんて呼ばれて、ある見出しは私をサタン（悪魔）と比較していました。

おかしい。ちょっと待ってよ。プリンスだって網タイツにハイヒールを履《は》いてルージュをつけて、お尻出したりしてるじゃない。

そう、その通り。でも、彼は男性だった。

私、そのときはじめて、真に理解しました。

女性には男性と同じような自由がない、ということを。


私は問題児扱いされているけれど、もっとも問題児的なことは、私がいまだ生き残っていることでしょう。

マイケル・ジャクソンはもういない。2パックもプリンスもホイットニー・ヒューストンもエイミー・ワインハウスもデヴィッド・ボウイもいない。

でも私はいまここに、こうして立ってる。自分が恵まれていることに日々感謝しています。

すべての女性に伝えたいことがあります。

女性はあまりにも長い間、抑圧されてきたために、男性が言い続けてきた言葉を信じてしまっている。女性の役割は男性を支えることなのだと。もちろん支える価値のある男性もいるでしょう。けれど、それは彼らが男性だからではない、その価値がある人だからです。

私たちは、女性としてお互いの価値を正当に評価し始めなければなりません。

強い女性を探し求めてほしい。
友情を育めて、学べて、協力し合えて、支えられ、そして啓発されるような、そんな女性を。

お礼を言いたいのは、これまでずっと、私を愛し、支えてくれた人たち……どれほどみんなの存在が私にとって大きかったか、この感謝の想いはきっとみんなの想像を超えてる。

同時に、私を疑った人、否定した人、ひどい目にあわせたすべての人、私に向かって「できない」「やるわけがない」「してはいけない」と言い続けてきた人、あなたたちが私を強くし、努力をさせ、闘志みなぎる人間に、いまの私にしてくれたの。

だから、ありがとう。

二〇一六年「ビルボード・オブ・ザ・イヤー」受賞スピーチより抜粋意訳

Discography

マドンナ　主なアルバム、映画について

＊スタジオ・アルバム（オリジナル・アルバム）のみ。
ベスト・アルバム、ライブ・アルバムは含まれません。

アルバム

◉バーニング・アップ（25歳）

『バーニング・アップ』は日本発売時のタイトル。原題は『MADONNA』。

デビューシングル「エヴリバディ」が入ったファーストアルバムで、大成功をおさめますが、マドンナにとっては納得しかねる仕上がりでした。「どの曲もパワーに欠けるわ。ディスコミュージックっていう定型から飛び出すことが重要なんだ、って気づいたのはアルバムが仕上がるころだった。このアルバム作りに関しては主導権を握れなかったのが残念。私はディスコアーティストでもニューウェーブでもない、まったく別のカテゴリをつくりたい」。アルバムからは「ホリデイ」「ボーダーライン」など五曲がシングルカットされました。

◉ライク・ア・ヴァージン（26歳）

「マテリアル・ガール」をふくむこのセカンド・アルバムはメガヒットを記録、マドンナ

は大ブレイクします。アルバムからの第一弾シングル「ライク・ア・ヴァージン」はマドンナにとって初の全米一位を獲得した記念すべき曲。作詞作曲はマドンナではありませんが、マドンナはこの曲にひとめぼれでした。「進むべき道を見失ってずっとひとりでさまよい続けてきたけれど、あなたに出逢って私はふたたび生き始めることができそう。あなたといると不安がなくなってしまうの。ふたりの胸のときめき、まるではじめての恋みたいね」という、恋のはじまりについての普遍的な心情が描かれています。けれど、ヴァージンという性的な意味を含む言葉、そして、マドンナの挑発的なパフォーマンスなどがあり物議をかもしました。

◉トゥルー・ブルー（28歳）

世界二十八か国で一位を記録する大ヒットとなり、ギネス世界記録にも認定されました。アルバムジャケットはファッション写真家ハーブ・リッツによるもので、濃いブルーを背景にショートのプラチナブロンドのマドンナの横顔。静謐な美しさがあります。

アルバム制作はショーン・ペンと結婚したばかりのころに行われたので、全体的にショーンとの恋愛体験が表現されています。最初にシングルカットされた「リヴ・トゥ・テル」は、マドンナによる歌詞で、「秘密を胸にもっているけれど打ち明けられない。いつか話せる日がくるまで生きる」という、意味深い心情を吐露した歌です。ロング・ヒットを記録し、ライブでも頻繁に歌われています。シングルカットされた「パパ・ドント・プリーチ」は社会政治団体をまきこんだ大論争となります。十代の少女が妊娠し、悩みながらも、子供を産みたいと、厳格な父親にうち明けるという内容。妊娠中絶に反対する団体はこの曲を大絶賛しましたが、一方で、これはティーンエイジャーの妊娠を推奨するものだと批判する人も少なくありませんでした。歌詞は別の人ですが、マドンナが手を加えました。「ラ・イスラ・ボニータ」もマドンナによる歌詞、明るいラテンのリズム、このシングルもヒットしました。

ライク・ア・プレイヤー（31歳）

Like a Prayer（祈りのように）。邦題は『ライク・ア・プレイヤー』となっていますが、「祈り」という意味のとき本来発音は「プレア」となります。「祈る人」の場合はプレイヤですが、この場合は祈りの意味。アルバムタイトルとなった曲は大ヒット、マドンナの代表曲のひとつとなり、頻繁にライブで歌われています。作詞作曲はマドンナとパトリック・レナードの共作。当時はこのミュージックビデオの内容が神への冒瀆だとされ、キリスト教団代からの抗議があり、大スキャンダルとなりました。ショーン・ペンとの破局のときに作られたので、マドンナはよく泣いていてレコーディングにはいつもの何倍もの時間がかかり、スタッフは「離婚アルバム」と呼んでいました。

マドンナは言います。「私がこれまでの人生で経験したことや学んだことを歌っているの。両親、家族の絆、死の痛み、成長や諦めについて。体裁をとりつくろったり、大衆受けを狙ったりはしなかった。自分が感じたままを曲にしたの」。「自分を表現するのよ」というメッセージ性の強い曲「エクスプレス・ユアセルフ」も収録されています。

エロティカ（34歳）

写真集『SEX』と同時発売されたアルバムです。売り上げは自己最低記録。マドンナは言います。「問題は、写真集と同時にリリースしたことね。私の大好きなアルバムなのに、みんなに良さがわかってもらえなかった」。これまででもっともマドンナ自身の色彩が濃いアルバムですが、大胆に昔のイメージを切り捨て音楽的にもまったく異なるサウンドだったため、以前のマドンナっぽさがなく、「昔のマドンナ」を求めるファンのなかには失望する人もいました。たしかに暗い欲望や怖れなど人間の負の心情を歌ったものが多いけれど、どんなに傷ついても、まだ人生に美を見出すことができる、という希望がこめられています。

ベッドタイム・ストーリーズ（36歳）

共同プロデューサーに時代の寵児《ちょうじ》ベイビーフェイスを迎えて作った、ソフトなイメージのアルバム。アルバムタイトルにもなった一曲はアイスランド出身の異才を放つアーティスト、ビョークがマドンナのために書いたものです。ビョークに曲を依頼し、彼女独特の世界観を表現することは、とても勇気のいることでした。ビョークの個性に負けてしまう危険性があったからです。けれどマドンナは、写真集と『エロティカ』の世間の反応を見て、新しいことにチャレンジする必要性を感じていました。

この曲のビデオには、過去最大の制作費がかけられ、そのシュルレアリスム（超現実主義）的な作品は、芸術性を高く評価されて、各地のアートギャラリーで放映され、ロンドンの映像博物館の永久所蔵コレクションにも加えられました。

シングルカットされた「テイク・ア・バウ」（お辞儀をする、という意味。ショーのおわりの挨拶のこと）は全米一位を記録する大ヒットとなりました。作詞ベイビーフェイス、作曲マドンナ。恋の終わりをショーの終わりに重ねて歌った歌です。「世界はステージ。みんながそれぞれの役を演じている。このストーリーを知るすべはあったの？ あなたが私を傷つけると知るすべはあったの？ ショーは終わった。さよならの挨拶をしましょう」。

レイ・オブ・ライト（40歳）

ソングライターのリック・ノウェルズを共同プロデューサーにはじめて迎えたアルバム。ノウェルズはマドンナが書いた「パワー・オブ・グッバイ」の歌詞に、「奥深くて詩情豊かな知性を感じ、心を揺さぶられる思いがした」と言います。

アルバムタイトルともなった曲についてマドンナは言います。「壮大なヴィジョンの前では自分がとても小さな存在に思えること。人生はものすごい速さで過ぎゆくけれど、自分自身を客観的に見つめたら時間を止めることができる、そんなことを歌っているの。これまでのなかでも一、二を争う名曲だと思う」。愛娘への子守歌「リトル・スター」を含むこのアルバムは大絶賛され、世界的な大ヒットを記録。グラミー賞で四部門を受賞しました。「このアルバムには全身全霊を注ぎこんだ。だからみんなの心をつかむことができて、とても幸せ。『ライク・ア・プレイヤー』と『レイ・オブ・ライト』、この二枚が重要な転機になったアルバムだって意見には賛成よ」。

ミュージック（42歳）

『ライク・ア・プレイヤー』以来の世界的大ヒットを記録。グラミー賞を受賞。「ポップ・オブ・クイーン」の威厳を示したアルバムと評価されています。「私はいつも、誰にも発見されていないものを探しているの。このアルバムが売れたとしたら、それはみんなが何か目新しいものを受け入れる準備ができているってことかもね」。

二番目の夫ガイ・リッチーに捧げられたラブソングが多いけれど、ただ甘いだけのものではなく、複雑な心情を歌ったものがほとんどです。たとえば「ランナウェイ・ラヴァー」と「アメイジング」についてマドンナは言います。「このふたつは、あなたを愛しているけど、いい加減にしてよ、って曲なの。アメイジングは、日に日に愛が募って自分の気持ちをコントロールできない、自分が悲しい運命をたどることを知りながらも自分の気持ちを抑えられない、そういう歌なの」。

アメリカン・ライフ（45歳）

二〇〇一年九月十一日のアメリカ同時多発テロ事件から二年後に発表されたアルバム。

同年イラク戦争が勃発。そんな時期だったので、マドンナも自国の文化、世界平和、自分自身の生活、価値観のゆらぎについて深く考えていました。

たとえば「ハリウッド」という曲について。「表面的なことに何よりも価値を置く場所の比喩ね。私たちは物事の外見に惑わされて、何かを決めるときにも、真実じゃない何かを基準にしてしまいがち、それは違う、ってことを私は伝えたいの」。

アルバムタイトルにもなった曲のビデオが大問題となります。マドンナは銃を手にした女革命家のイメージで、ファッション・ショーの舞台で暴れまわります。「反戦メッセージなのよ」と主張しましたが、タイミングが悪すぎました。実際にブッシュ政権によるイラク戦争が始まった時期と重なったのです。愛国者から激しい非難を浴びたマドンナはビデオのリリースを中止。戦争反対派はビデオ撤回を批判し、ファンも「弱気な」マドンナに失望。リリースした週にはチャート一位を記録したものの、すぐに姿を消し、マドンナのアルバムとしては最低のセールスを記録してしまいます。

コンフェッションズ・オン・ア・ダンスフロア（47歳）

しばらくイギリスでガイ・リッチーとふたりの子どもたちとの家庭生活を優先させていたマドンナが、がまんできずに飛び出して鬱積したエネルギーを思いきり放出したようなアルバムです。全体に流れているのは、七十年代ディスコミュージックへのオマージュ。「政治的な発言はたくさんしたから。同じことは繰り返さない。だから次のテーマに移ったの。それがこれ。いまは踊りたくてしかたないの」。「ハング・アップ」についてマドンナは言います。「この曲で言いたいのは恋愛でもなんでもチャンスはものにできるときにつかんでおきなさいってこと。そうしないと、ある朝目覚めたら手遅れだった、ってことなるわ。私は絶対にタイミングを逃さない」。前作とはまるで異なるこのダンスアルバムは「昔の元気なマドンナが帰ってきた」「カムバックアルバム」とファンを熱狂させ、世界的に大ヒット、先行シングルカットされた「ハング・アップ」とともに、「ポップ・ミュージック史上、一位最多獲得国数」ギネス世界記録に認定され、グラミー賞も受賞しました。

ハード・キャンディ（50歳）

「このアルバムではたくさんの気の強い男たちと組んだの。冒険だった。私の曲について歌い方についてみんな確固たる意見をもっている人ばかり。それは大変なことだったけれど、自分の快適空間から出て、普段とは違うことに挑戦することによってアーティストは存続できると思うの」。大ヒットしたシングル「マイルズ・アウェイ」について。「出張が多い仕事についている人って、どうしても遠距離恋愛ばかりになってしまうでしょ。この曲は遠距離恋愛の難しさを描いているの。多くの人が共感できると思う」。「自伝的要素が強い」とマドンナが言うこのアルバムは世界各国で初登場一位を獲得、大ヒットとなりました。

MDNA（54歳）

マドンナ、そのものずばりのタイトル。『ウォリスとエドワード　英国王冠をかけた恋』後に作られたアルバムで、「三年も映画の世界にいて、ソングライティングのシンプルさが嬉しかった。座って、ギターを弾いて歌う、ってことに涙が出そうになったわ」。マドンナのバラードのなかでも屈指と評価されている「マスターピース」は同映画の主題歌としてゴールデン・グローブ賞の最優秀主題歌賞を受賞。

発売の前月には「スーパーボウル」のハーフタイムショーに出演し、アルバムからの先行シングル「ギヴ・ミー・オール・ユア・ラヴィン」を発表、このショーは視聴者数過去最多を記録しています。

元夫ガイ・リッチーとの関係をストレートに歌ったものも多く「離婚アルバム」と呼ぶ人もいるこのアルバムは全米一位を獲得、大ヒットとなりました。

レベル・ハート（57歳）

「『レベル・ハート』は私の人生そのもの」。ロープを顔に巻きつけたジャケット写真が話題となりました。「アーティストへの抑圧に対する抗議を表現しているの。アーティストが自由に発言することができない、口を塞がれている状態を表していて、それに対するレベル・ハート（反逆精神）をもち続け、何かをしなければならないって私は言いたいのよ」。「ゴーストタウン」はシンガーソングライターとしての傑作と評価されている曲です。「どうしてこんな世界になってしまったの。世界が崩壊しても私たちふたりの愛、魂はゴーストタウンに残る」。「ジャンヌ・ダルク」は、マドンナが敬愛する聖女の名をタイトルに、非難にさらされてきた自分自身の境遇、これから進むべき道を模索した歌です。「私はまだジャンヌダルクなんかじゃない、ただの人なのよ」という内容にひとりの脆い人間がうかびあがります。

「レベル・ハート・ツアー」での収益はソロ・アーティスト歴代最高額を記録しました。

映画 ＊主役、準主役のもの。

■『プリティ・リーグ』(34歳)、『フォー・ルームス』(37歳)はセクシャルなマドンナのイメージそのままの役柄。『ウディ・アレンの影と霧』(34歳)、『スネーク・アイズ』(35歳)『ガール6』(37歳)などでは脇役で光る演技をみせています。

■マドンナのスーザンを探して(27歳)

マドンナがはじめて助演ではあるものの、主役級として出演した映画。主役はスーザンを演じるロザンナ・アークエット、話題の新人でしたが、マドンナの存在感が圧倒的で、すっかり影が薄くなってしまっています。撮影が始まってから「ライク・ア・ヴァージン」で大ブレイクしたので、途中から撮影のためのマスコミやファン対策が必要となりました。この映画でのマドンナは、自由奔放に生きる不良娘スーザンを演じていて、それは生身のマドンナそのもの。スーザンの衣装もほぼマドンナの私物で、演技をしていたというよりそのままマドンナが登場しているという印象です。マドンナはこの映画のために、ものすごい集中力で臨みました。「ほんとうに自分に厳しい子だった」と監督のスーザン・シーデルマンは言います。その過激でセクシャルなパフォーマンスから、マドンナをどう扱ってよいのかとまどっていたフェミニストたちでしたが、この映画が公開されると、イギリスのフェミニスト雑誌「ウィメンズ・レビュー」は「マドンナへの不安が愛にかわるとき」というタイトルの記事でマドンナを讃《たた》えました。

上海サプライズ（28歳）

当時の夫であるショーン・ペンと共演。一九三〇年代の中国を舞台にしたアクション&ロマンティック映画。マドンナの役はショーン演じる冒険家を誘惑する女宣教師。新婚のハリウッド・カップルの共演はマスコミの格好の標的で、撮影に集中することが困難でした。内容もふたりにとって納得のゆくものではなく、ショーンは「友だちなら、頼むから見ないでくれ」と言ったくらいです。マドンナも監督のジム・ゴダードについて「監督として何をしているか理解していなかった。ちょっと実力不足だったみたい」と言っています。映画は不評。一九八六年の第七回ゴールデン・ラズベリー賞（その年の最悪な作品を選ぶ映画賞）の最低主演女優賞を受賞してしまいます。

フーズ・ザット・ガール（29歳）

マドンナ演じるヒロインは、社会に反抗するニューヨークの楽天的な女の子。身に覚えのない殺人罪で投獄されるけれど、仮釈放後、真犯人探しに乗り出し、大騒動を起こしながらハッピーエンドとなる物語。「昔の喜劇映画みたいでほんとうにわくわくしたわ。ヒロインとは共通点がいっぱい。勇気があって優しくてユーモアがあって。でも人から誤解されやすいの」。

楽しみながら撮影に臨みましたが、公開されると不評が多く、マドンナは前作に続いてゴールデン・ラズベリー賞の最低主演女優賞を受賞。マドンナは言います。「私がふたつの分野で成功するのを喜ばない人たちがいるのよ」。

ディック・トレイシー（32歳）

ウォーレン・ベイティ監督・主演。同タイトルのコミックの実写化。ディック・トレイシーは犯罪に立ちむかう刑事の名。マドンナの役はマリリン・モンローを思わせる美しい歌姫。ゆたかなブロンド、赤いルージュ、セクシーできらびやかなドレス。アル・パチーノ、ダスティン・ホフマンも出演、豪華な顔ぶれとなりました。斬新な映像を駆使し、アカデミー賞の美術賞、メイクアップ賞のほか、マドンナが歌う主題歌「スーナー・オア・レイター」が歌曲賞を受賞。マドンナは授賞式の会場にマイケル・ジャクソンのエスコートで登場し話題となりました。

イン・ベッド・ウィズ・マドンナ（33歳）

「ブロンド・アンビション・ツアー」とその舞台裏のドキュメンタリー。監督はマドンナが大抜擢した二十六歳の新人アレック・ケシシアン。圧巻のステージ、そして舞台裏。絶対服従を拒否するケシシアンはマドンナのどんな場面も撮りたがり、「やめて、撮らないで！」とマドンナが怒鳴る場面もおさめられています。精神的に幼いダンサーたちをケアするマドンナ、当時の恋人ウォーレン・ベイティとうまくいっていないマドンナ、父親とぎこちない会話をするマドンナ、さまざまな表情が見られます。下品なジョークやシーンに眉をひそめる人も多くいましたが、「創意工夫に富み、気迫のこもった厚かましい自画像」（ニューヨーク・タイムズ紙）、「露骨で卑猥《ひわい》で、きわめて面白い」（タイム誌）などおしなべて好評。興行的にも大成功をおさめました。

BODY ボディ（34歳）

監督のウリ・エデルは『ブルックリン最終出口』などで高い評価を得ていました。このサスペンス映画でのマドンナの役は、体を使って金持ちの男を死に追いやる魔性の女。全裸シーン、過激な性愛シーンもあり話題となりましたが、なにより「魔性の女」という役をみごとに演じています。それでもさんざんな酷評でした。

マドンナは言います。「失望はしているけど、あの映画に出たことは後悔していない。いい仕事をしたと思ってる。でもなんでも非難されるのはこの私。まるで脚本を書いたのもプロデュースしたのも監督したのも私で、出ている俳優も私ひとりだったみたいに言われるの。いつものことよ」。

エビータ（38歳）

女優としてのマドンナの実力がはじめて認められた映画。アルゼンチンのファーストレディ「エヴァ・ペロン（エビータ）」の生涯を描いたミュージカルで、マドンナは十年以上もの間、この役を演じたいと思っていました。エビータの生まれ育った境遇、野心、人々からの敵意、愛情、すべて自分と重なるものだったからです。マドンナは自力でエビータの人生をリサーチ、人物像に迫りました。エビータの夢をよく見たと言います。「外から彼女を見ているのではなく、私自身が彼女だった。彼女の悲しみや不安を感じた。空腹、満たされない想い、焦燥感も」。

大統領官邸であるロサダ宮のバルコニーで群衆にむかって「ドント・クライ・フォー・ミー・アルゼンチーナ」を歌うシーンは圧巻。マドンナのそのときの実力すべてが出ていると言ってよいでしょう。ゴールデン・グローブ賞の作品賞、主演女優賞、主題歌賞を獲得しています。

2番目に幸せなこと（42歳）

マドンナの役はヨガのインストラクター。ゲイの親友と酔った勢いで一晩をともにしてしまい子どもができて、三人でちょっと変わった家族として穏やかに暮らしているけれど、マドンナ演じるヒロインに恋人ができたことから、たくさんの問題が生じてくるという物語。家族とか血のつながりとか、そういったことを考えさせられる内容ですが、公開されると不評で、マドンナはまたゴールデン・ラズベリー賞の最低主演女優賞を受賞してしまいます。

スウェプト・アウェイ(44歳)

夫のガイ・リッチー監督、マドンナ主演。一九七四年公開の「流されて…(Swept Away)」のリメイク版。傲慢で裕福な夫人が夫や友人とヨットでクルージングに出かけ、現地の船員とふたりきりで島に流されてしまい、そこで複雑な愛が芽生えるという物語。マドンナはとても性格の悪い女をみごとに演じています。

けれど、これはさんざんな酷評にさらされ映画は大失敗。マドンナはゴールデン・ラズベリー賞の最低主演女優賞を、ガイ・リッチーは最低監督賞を、映画は最低作品賞を受賞するという、かなしい結果になりました。

マドンナはガイをかばい、このように言っています。「映画をけなしている人たちは映画ではなく、私を個人攻撃しているの」。

アイム・ゴーイング・トゥ・テル・ユー・ア・シークレット(48歳)

十四年ぶりとなるドキュメンタリー映画。「リ・インヴェンション・ツアー」のステージと舞台裏がおさめられています。カバラ信仰について語っている部分も多く、人間の精神性を探求しているマドンナの姿があります。

マドンナはジョナス・アークランド監督と数か月間編集作業に集中し、完成したものを友人知人に見せて意見を求めたところ「カバラの描写が多すぎる」という意見が多かったので、再編集しました。イスラエルを訪れるマドンナ、ガイ・リッチーとのぎくしゃくした夫婦関係、娘と息子ふたりとのほほえましいシーン、父親との会話、そしてダンサーたちとの交流、迫真のステージ、見どころたっぷりですが、胸に迫るのは、誰にも依存することなく、ひとりで家庭、仕事をとりしきる、そうしないではいられないマドンナの孤独です。

ワンダーラスト（50歳）

映画監督としてのデビュー作品。ロンドンを舞台に、マドンナ自身を投影させた若者三人が夢を追う姿を描いた青春映画。「三人ともアーティストにしたのは私がクリエイティブなアーティストに惹かれるから」。脚本もマドンナが担当。「すべて私自身から生まれるものじゃないと意味がないわ。だから脚本を自分で書いたの。欲しいものを手に入れるためなら、どんな犠牲も払うというシンプルな生き方を私なりに表現したつもり」。映画にはオペラを聴きながら執筆する作家やバレエダンサー、哲学者、盲目の詩人などが登場します。

映画の原題は「Filth and Wisdom（堕落と知恵）」。マドンナは言います。「現実は堕落のなかに知恵を見出し、知恵のなかに堕落を見出すでしょう?」。語り部兼主役を演じるミュージシャンのユージン・ハッツが魅力的。マドンナが彼を切望し出演にこぎつけました。最初にベルリン映画祭に出品し、大きな話題となりました。ベルリン映画祭を選んだ理由については、「この映画はひそかに作ったもので、ヨーロッパ的な雰囲気があるし、ベルリンは派手なお祭り騒ぎのような映画祭ではないから」。

ウォリスとエドワード　英国王冠をかけた恋（54歳）

映画監督第二作。脚本も担当しました。「王冠をかけた恋」と呼ばれる実話をひとつのテーマに、女性の生き方を独特の視点で描きます。

英国王エドワード八世は人妻であったウォリス（当時はシンプソン夫人）を愛し、「彼女がいなくては生きてゆけない」と公言して彼女と結婚するために退位。けれどこの映画の主人公は、このふたりではなくアメリカの現代社会を生きる女性。悩める既婚女性がシンプソン夫人の人生を探求しながら、自分自身の生き方を探り、再生する物語。シンプソン夫人は「英国王に熱愛された幸福な女性」的な見方をされていますが、「彼女だって失ったものは大きかったはず」という視点で描いているところが秀逸。マドンナが監督というだけで酷評する人も多かった映画ですが、映像も美しく、優れた映画です。アカデミー賞の衣装デザイン賞にノミネートされ、ゴールデン・グローブ賞では、マドンナが歌う楽曲「マスターピース」が主題歌賞を受賞しました。

マドンナ略年表

西暦	齢	事項
1958年		アメリカ、ミシガン州ベイ・シティに生まれる。
1975年	17歳	奨学金を得てミシガン大学ダンス科に入学。
1977年	19歳	大学を中退し、単身ニューヨークへ。
1982年	24歳	シングル「エヴリバディ」でデビュー。
1983年	25歳	デビュー・アルバム『バーニング・アップ』
1984年	26歳	セカンド・アルバム『ライク・ア・ヴァージン』で大ブレイク。初来日。
1985年	27歳	ショーン・ペンと結婚。映画『マドンナのスーザンを探して』 「ザ・ヴァージン・ツアー」。チャリティコンサート「ライブ8（AID）」に出演。
1986年	28歳	アルバム『トゥルー・ブルー』が世界的ベストセラーとなり「ギネス世界記録」に認定。 映画『上海サプライズ』
1987年	29歳	初のワールドツアー「フーズ・ザット・ガール・ツアー」
1989年	31歳	ショーン・ペンと離婚。アルバム『ライク・ア・プレイヤー』
1990年	32歳	初のベストアルバムが、ソロ・アーティストのベストアルバム史上最高売り上げを記録。 「ブロンド・アンビション・ツアー」。映画『ディック・トレイシー』
1991年	33歳	ドキュメンタリー映画『イン・ベット・ウィズ・マドンナ』
1992年	34歳	写真集『SEX』発売。アルバム『エロティカ』。レコード会社「マーヴェリック」設立。
1993年	35歳	映画『BODY ボディ』。「ザ・ガーリー・ショー・ツアー」
1994年	36歳	アルバム『ベッドタイム・ストーリーズ』
1996年	38歳	長女を出産。映画『エビータ』（翌年ゴールデン・グローブ賞の主演女優賞を受賞）
1998年	40歳	アルバム『レイ・オブ・ライト』（翌年グラミー賞で4部門を受賞）
2000年	42歳	ガイ・リッチーと結婚。長男を出産。

		アルバム『ミュージック』。映画『2番目に幸せなこと』
2001年	43歳	「ドラウンド・ワールド・ツアー」
2002年	44歳	映画『スウェプト・アウェイ』
2003年	45歳	絵本『イングリッシュ・ローズィズ』。アルバム『アメリカン・ライフ』
2004年	46歳	「マーヴェリック」の経営から手を引く。「リ・インヴェンション・ツアー」
2005年	47歳	チャリティコンサート「ライブ8（AID）」に出演。 アルバム『コンフェッションズ・オン・ア・ダンスフロア』
2006年	48歳	ドキュメンタリー映画『アイム・ゴーイング・トゥ・テル・ユー・ア・シークレット』 はじめてマラウイを訪れる。 慈善団体「レイジング・マラウイ」設立。「コンフェッションズ・ツアー」
2007年	49歳	チャリティコンサート「ライブ・アース」に出演。
2008年	50歳	マラウイから男児の養子を迎える。マラウイのドキュメンタリー映画制作。 ガイ・リッチーと離婚。アルバム『ハード・キャンディ』 初の映画監督作品『ワンダーラスト』。「スティッキー・アンド・スウィーツ・ツアー」
2009年	51歳	マラウイから女児の養子を迎える。
2012年	54歳	映画監督作品『ウォリスとエドワード　英国王冠をかけた恋』 スーパーボウルのハーフタイムショーに出演。歴代最多視聴率を記録。 アルバム『MDNA』。「MDNAツアー」
2014年	56歳	スキンケアブランド「MDNA　SKIN」発表。
2015年	57歳	アルバム『レベル・ハート』。「レベル・ハート・ツアー」
2016年	58歳	ビルボード誌の「ウーマン・オブ・ザ・イヤー」受賞。
2017年	59歳	マラウイに小児外科と集中治療専門の病院を設立。 マラウイから双子の養子を迎える。ワシントンの「ウィメンズ・マーチ」でスピーチ。
2018年	60歳	ファッションイベント「メット・ガラ」で特別パフォーマンスを披露。

おわりに

マドンナを書いています、と言うとほとんどの人が意外だと言いました。だって、クイーン・オブ・ポップ、あのマドンナでしょ？　と。シャンソンやクラシック、アルゼンチンタンゴが好きな私がなぜマドンナ？　と思うのは当然なのでしょう。

そして意外だと言う人たちが抱いているマドンナのイメージはおそらく、セクシャルで過激でパワフル、繊細さとか内省とか知性とは遠いところにいる人。

けれどそれは違う。

私は私が感じとったマドンナの魅力を伝えたくて、この本を書きました。

マドンナは長い間、正当に評価されずにきたアーティストです。私は、正当な評価をされないことに傷つきながらも諦めないで生きている人に弱いのです。

女性の生き方を執筆テーマのひとつにしている私にとって、マドンナはいつだって気になる存在であり、出版関係の人たちから提案されるアーティストでもありました。

けれど、私はアメリカの音楽シーンに疎く、疎いということは、興味がないため人生でふれないできた分野ということを意味し、そんな私が書いていいのか、という迷いはやはりありました。

けれど音楽からのアプローチはなかったけれど、マドンナその人にはずっと以前、二十代のころから折にふれて共鳴してきていたのです。

たとえば私はメキシコの画家、フリーダ・カーロがとても好きなのですが、彼女の人生を探っていたとき、マドンナもフリーダのファンで、彼女のショッキングな絵『私の誕生』を購入し自宅玄関に飾っていたこと、そしてその絵にどう反応するかで、その人と仲良くなれるかどうかを判断していたことを知ったとき、その点で言えば私は仲良くなれる、と思ったし、ポーランドの画家タマラ・ド・レンピッカを調べていたときにも、マドンナが彼女のファンであることを知って、好みが似ているかも、と親近感を抱いたりもしました。

強烈だったのは『ウォリスとエドワード 英国王冠をかけた恋』。ドラマティックに生きた女性のひとりとしてシンプソン夫人を調べるなかで観た映画なのですが、「王位を捨てさせるほど英国王を夢中にさせた魔性の女」を私と同じ視点で見つめている人がいることに驚きました。

みんな彼女をラッキーな人って言うけれど、彼女だって失ったものは大きかったはず。そして私が知りたいのは「ハッピーエンドのその後」、結婚後から死別までほんとうに幸福だったの？ 悔やむことはなかったの？

映画にはそれがみごとに描かれていました。そしてこの映画の監督がマドンナだったのです。

また、映画にはシンプソン夫人の人生を探求するなかで自分自身が再生する女性が描かれますが、彼女が必死になって自分の生きる道を探る姿、その手がかりとして過去に生きた女性、シンプソン夫人を知りたいという、彼女が人生の場面場面でどんなことを想い、どんな選択をしたのか知りたいと願う姿が私自身とも重なって、このような映画を創るマドンナというアーティストを、はっきりと私は好きだと思いました。

「書けるような気がする」とマドンナについてのリサーチを始めて、「書く運命だったのか」と何かにうたれたかのようになったのは、マドンナの弟が姉について書いた本『マドンナの素顔』を読み始めたときでした。

それは、デビュー間もないころの日常生活についての記述のなかにありました。

「アナイスはジャンヌ・ダルクと並んで、マドンナの憧れの女性だ」マドンナは、アナイス・ニンの日記を愛読していたのです。

ひとりの部屋で、声をあげてしまったことを覚えています。それほどに驚き、それから胸が熱くなりました。

アナイスは、私がもっとも敬愛する作家で、一時期は溺愛していた特別な存在。一九七七年に亡くなっていますが、私の人生にいつも寄り添っている女性です。けれどすごく有名というわけではない。その彼女の本をマドンナが愛読し、彼女に憧れていたという事実。

書くときの原動力、書くべきだという確信を与えてくれたという点において、マドンナが嫌った暴露本ではあるけれど、この本には感謝しなければならないでしょう。

マドンナ漬けの日々が始まり、本を読み、ウェブをチェックし、映画を観て、ドキュメンタリーを観て、そして彼女の歌を聴きました。知れば知るほどにマドンナは、私にとって愛すべき人になりました。気性が激しく独善的。そのあたりはココ・シャネルに似た香りもあって、友だちになりたいか？　と問われれば、遠慮しておきます、と答えてしまうのが正直な気持ち。

けれどマドンナにはとっても不器用なところもあって、たとえばインタビューを受けているとき、テレビ出演のときなどは、かわいそうなほどに緊張し、うまく自分を表現できなくて、結果、攻撃的な態度に出てしまったり、夫や恋人に対しても愛情表現が不得意で、そんな彼女を見ていると、守ってあげたい、と思ってしまう。

デビュー当時マリリン・モンローとの類似を言われ、マドンナ自身もマリリンへのオマージュを捧げた作品を発表してもいるけれど、見た目だけではなく「正当に評価されない」悲劇という点でも似ていて、つまり、「セクシー」を魅力にしている女性は頭が悪い、という偏見とふたりとも闘っていたのです。

ただ、マリリンは三十六歳で謎めいた死をとげていますが、マドンナは六十歳を超えたいまも健在です。

若いころから言っていました。

マリリンは犠牲者だけど私は違う、と。

犠牲者にはならない。これも私が好きなマドンナです。

マドンナのライブ、パフォーマンスについては多くの人が絶賛していて、そのすばらしさには私もただただ圧倒されるばかりです。けれど私はマドンナが会場のファンに語りかけるときの表情やたたずまいに強く惹かれます。

動画で何度も観ては涙していたのがいくつかあって、そのひとつは、パリ同時多発テロが起きたときのストックホルムでのライブ映像。ライブを中止しようと思ったこと、テロへの怒り、犠牲となった人々への追悼、そして、それでも愛を信じているということを涙ながらにうったえているときの彼女の横顔、泣きながらの「ライク・ア・プレイヤー」。ひとりのアーティストがその日そのとき自分にできるすべてを出しつくすということ、その美しさに私はいつも涙してしまうのです。

アルゼンチン、ブエノスアイレスでのライブ映像も何度も観ました。アルゼンチンの聖女エビータをマドンナが演じることへの反対運動が起きて、でも諦めずにアルゼンチンを訪れ、映画制作を実現させたことを想いながら。

アルゼンチンのファンに、あれからもう十五年ね、と語りかけ、『エビータ』から「ユー・マスト・ラブ・ミー」を、続けて「ドント・クライ・フォー・ミー・アルゼンチーナ」を、大歓声のなか、ギター弾き語りで歌っているときの慈愛に満ちたやさしいまなざしにも、いつだって胸熱くなりました。あの瞬間のものは、聖女のような、という形容がふさわしい、と私は思います。

そして、ビルボード誌の「ウーマン・オブ・ザ・イヤー」を受賞したときのスピーチ。本文でもふれましたが、あれはすばらしい。目をそらすことが不可能、彼女の存在に強烈な磁力があります。


マドンナは私より八歳年上、いま六十歳です。

二〇一八年の夏、六十歳の誕生日を迎えるということで、アメリカでマドンナについての本が何冊か出版されました。五十歳からの十年間を詳しく知りたかったので、二冊、五十歳以降の部分を手島洋さんに翻訳していただきました。無茶なスケジュールでしたのに、お引き受けくださり感謝しています。

また、ウェブの動画、マドンナのスピーチなどの翻訳は、年下のお友だちのレイラちゃんにお手伝いしていただきました。とても心強かった。

担当編集者は大和書房の藤沢陽子さん。
「読むことで美しくなる本」ってシリーズ名、なかなか定着しないですね、つい自分でも「言葉シリーズ」って言っちゃう、と笑う陽子さん。打ち合わせ、話がつきず、いつも長時間になってしまう、そんな仕事ができることの幸せに感謝します。「言葉シリーズ」も五冊目になりましたね。ありがとうございます。

五十二歳の誕生日、日比谷のビルボードカフェ、家族がリクエストしてくれたマドンナのアルバム『トゥルー・ブルー』が流れるなか、お祝いのカードとマドンナ執筆へのエールをもらったあの日から九か月が経ちました。秋にはブエノスアイレスに行き、タンゴがテーマの旅ではあったけれど、エビータのマドンナにも想いを馳せてきました。

マドンナを書いていた日々は、さまざまな色彩の愛を強く感じることができた、人生からのプレゼントのような信じがたいシーズンでした。

私を支え、愛を与えてくれるたいせつな人たち。あなたがいるから私は書き続けられる。いてくれて、ありがとう。

本書を異国で二十歳の誕生日をむかえる愛娘に捧げます。

二〇一九年二月十七日　ぬくもりのあるブルーの部屋で

山口路子

おもな参考文献

＊『マドンナ　永遠の偶像（アイコン）』
ルーシー・オブライエン著　宮田攝子訳　2008年（二見書房）
＊『マドンナの真実』
クリストファー・アンダーセン著　小沢瑞穂訳
1992年（福武書店）
＊『マドンナ　女神の素顔』
バーバラ・ヴィクター著　白川貴子訳
2003年（KKベストセラーズ）
＊『マドンナの素顔』
クリストファー・チコーネ/ウェンディ・リー著　長澤あかね訳
2009年（ぶんか社）
＊『セックス，アート，アメリカンカルチャー』
カミール・パーリア著　野中邦子訳　1995年（河出書房新社）
＊『MADONNA LIKE AN ICON』
LUCY O'BRIEN
＊『MADONNA』
J. RANDY TARABORRELLI（翻訳協力：手島洋さん）
＊ DVD「イン・ベッド・ウィズ・マドンナ」
＊ DVD「マドンナ　アイム・ゴーイング・トゥ・テル・ユー・ア・シークレット」

本作品は当文庫のための書き下ろしです。

山口路子（やまぐち・みちこ）
1966年5月2日生まれ。作家。核となるテーマは「ミューズ」、「言葉との出逢い」、そして「絵画との個人的な関係」。おもな著書に、美術エッセイ『美神（ミューズ）の恋～画家に愛されたモデルたち』（新人物文庫）、『美男子美術館』（徳間書店）、小説『軽井沢夫人』（講談社）、『女神（ミューズ）』（マガジンハウス）など。また、『ココ・シャネルという生き方』（KADOKAWA／新人物文庫）をはじめとする「生き方シリーズ」（サガン、マリリン・モンロー、オードリー・ヘップバーン、ジャクリーン・ケネディ、エディット・ピアフ）、そして「読むことで美しくなるシリーズ」に『オードリー・ヘップバーンの言葉』『マリリン・モンローの言葉』『ココ・シャネルの言葉』『ジェーン・バーキンの言葉』（だいわ文庫）がある。女優やモデルなど、多くの女性の共感を呼び、累計25万部を超えた。

山口路子公式サイト
http://michikosalon.com/

だいわ文庫

マドンナの言葉《ことば》

著者　山口路子《やまぐちみちこ》

二〇一九年三月一五日第一刷発行

発行者　佐藤 靖
発行所　大和《だいわ》書房
東京都文京区関口一―三三―四　〒一一二―〇〇一四
電話　〇三―三二〇三―四五一一
フォーマットデザイン　鈴木成一デザイン室
本文デザイン　吉村亮（Yoshi-des.）
翻訳協力　手島洋
写真　Nicholas Hunt／ゲッティイメージズ（P196、197）
アフロ（P2、3、23、42、43、48、70、76、77、108、109、118、134、135、158、188、189）
本文印刷　信毎書籍印刷　カバー印刷　山一印刷
製本　ナショナル製本
ISBN978-4-479-30747-1
乱丁本・落丁本はお取り替えいたします。
http://www.daiwashobo.co.jp

だいわ文庫の好評既刊

*山脇惠子
色は語る
色彩と心理の不思議な関係を読む
王家の権勢を語る色、絶世の美女が愛した色、名画に共通する色、大衆文化に見る流行色など、歴史を動かしてきた色の秘密がわかる！
840円 349-1 E

*宮崎正勝
「モノ」で読み解く世界史
カレンダー、ベルト、船、保険、デパート、…人が編み出したあらゆる「モノ」の歴史を紐解けば、教科書にない身近な世界史が見える！
740円 352-1 H

*左近司祥子
初級者のための ギリシャ哲学の読み方・考え方
古代ギリシャの三大哲学者ソクラテス、プラトン、アリストテレスの思想がくっきりと、手に取るようにわかる「究極の哲学入門書」！
780円 359-1 B

エリカ
ニューヨークの女性の「強く美しく」生きる方法
意地悪は称賛と捉える、人と違うことを恐れない——人生を思い切り味わう彼女たちの生き方。
680円 365-1 D

エリカ
ニューヨークの女性の「自分を信じて輝く」方法
人と比べず、自分の心で感じることを大切にする。感謝の気持ちを忘れない。つらいときも自分にエールを送り、自分で自分を育てる。
680円 365-2 D

ドラ・トーザン
フランス人は年をとるほど美しい
年をとることは成熟すること。わがままに生きる、自由に生きる、細かいことは気にしないのが若返りの秘訣。東京在住のフランス人が教える最高にHAPPYな年のとり方。
680円 374-1 D

*印は書き下ろし

表示価格はすべて本体価格（税別）です。本体価格は変更することがあります。